明清科考墨卷集

第三十一冊

卷九十一 卷九十二 卷九十三

林祖藻 主編

LITERARY TIMES
蘭臺出版社

第三十一冊 卷九十一

勞之

為政以身勞民而事無不舉矣蓋勞以集事而民之勞必上之有以勞之也勞非政所必務乎今夫好逸而惡勞者其人情乎然而下不足以庶務之功上不勞不足以作萬類之氣則可知躬居民上未有怠[illegible]以游而可以集天下之事者也吾與子言政豈徒先之已哉衣食[illegible]之務小民顯擔其利而未嘗不隱病其艱病其艱故易怠而難奮興利除弊之端小民後享其甘而必不能先憚其瘁憚其瘁故難振而易弛然則為政者豈可不務勞之乎勞有存乎心者當衆務未親之先而百姓之日用身家無時不往來于念慮則秉政之勤劬倍深于群黎之共作彼覌感于下者孰不爭先而恐後乎

而百務興于上心之無逸矣學有存乎事者方一事未舉之際而小民之出作入息無一不熟計于意中則布政之況瘁倍深于草野之勤斂役殺力于下者孰敢逸豫以自安乎而庶績熙于主德之克勤矣雖急荒不可以泄衆而一于勤動亦易以躁而貽訕然勞之云者非有所躁也蓋以好勞者予民以不堪亦未嘗以畏勞者遺民以可慮政之所以起而有功抑晏安不足以樹績而期于勃發亦易以晏而致敗勞之云者又非有所晏也未嘗以不當勞而勞者自斂其精神亦未嘗以當勞而不勞者自私其才力政之所以能持于無斁由也勉之

發揮透快不落寬浮揚之高華按之沉寔

勞心者治人

擷藻集　王家璧

明治人之以心、見君之所獨大也、夫人不可與人以治之也、則君心獨勞矣、勞於治人、非大人之事乎、孟子辟並耕之說曰人者天地之心也、天地以生物為心者也、天地能生天下之人而不能治天下之人、故必立之君而使之治之、以天地所不能自治之人、而代天治之、天下之人、於是乎託命於斯人之一心則同是心也、而其心獨勞、鈞是人也、而其人獨大矣、伊古以來皆曰或勞心或勞力、夫豈一人之事哉、今夫人之一身、心為君人各有勞心為大人、第見躬桓蒲穀統臣民而尊貴臨之者身至逸也、而不知其心、則勞焉、有土地人民之寄、即有土地人民之責非以是富貴之也六馬朽索之馭知常有懍懍於心者矣人第謂藻火山龍總中外而端拱化之者道至逸也而不知其心實勞焉分股肱耳目之任必求股肱耳目之才非偶爾登庸之也兩階舞干之朝知常有兢兢於心者矣夫天生大人而使之勞心大人有事而不外勞心者何故哉凡以治人焉耳人之數有地可域也而六合以內六合以外惟心可以周之撫斯人而欲以周之者治之勞何如也人有生何以厚之人有用何以利之人有德何以正之即極之榛狉未馴之衆頑梗未服之倫以大人民胞物與之量視之猶赤子也且欲出水火而衽席之堂陛之間其所圖維者不知幾經君咨臣儆矣夫豈一手一足之烈哉人之代有年可限也而千古以上千古以下惟心可以

運之念斯人而欲以運之者治之勞何如也人不知天時治之以正朔人不知地利治之以平成人不知人和治之以書契即極之治亂相尋之端繁賾無窮之變以大人窮變通久之道揆之皆已責也直將返叔季而唐虞之宵旰之中其所規畫者不知幾經深思遠慮矣夫豈一朝一夕之勤哉合天下而治之道在元后所以合天下而治之道在明君方寸者域中之象也所以明新至善之道基於心正立人極以治人道在聖人所以立人極而治人道在聖心執中者萬化之原也所以內聖外王之道不外傳心彼勞力以耕特治於人者耳安在必並耕而後為聞道也

第三十一冊　卷九十一

湖璉也

郁文棟

器得其可貴聖人之所與也夫瑚璉器之貴者也賜也斯非夫子之所樂與哉今夫材也者天生之人成之而世只與得而用之者也而天生之而質并于恒流人成之而未臻于卓絶則雖未至無濟于

○扑○題○意○着○留○餘○步

天下然而弗為貴矣而賜也豈其然今女以何器為問乎學辭其論而求其全被夫大德不官大道不器世有其人賜乎吾恐女之未逮也一物取其良而棄其楉彼夫或以為樸或以為陋世亦不乏賜乎吾幸女之得免也吾観賜之聰明才力如太璞然其璞而追琢之如還良工然由是而出為世用為之郊廟則瑚璉然從來地必擇乎其人

出頭有致

二比正逐題面

假令禮樂煌煌之際而以識缺瓦缶與山罍俱陳君子以爲濫矣賜

知非美備矣文章多爾雅之善撰攻有練磨之能刻與玉豆雕纂世

似清廟者此其選矣從來人必因乎其地假令圭璋特達之概而與

擾攘雜佈爲耳目之玩君子以爲褻矣賜也豈其論乎言語有辭懌

之美威儀有肅雍之度則與雞彝鼎俎同歲薦蒸嘗者此其是矣凡物

之在天下也合乎時則貴之遠乎時則賤之固其常也獨至剛健則

世難屢更而後之人猶得追而溯之曰此古先王之彝以則學享者

典而淫物獨可欽也賜也雖遇非其時而瑰異奇寶寧得謂三代以

下之特物之在斯世也風之常則重之用之普則輕之亦其宜也何

在瑚璉則藏之故廟而世之人愈得崇而奉之曰此夏商后之頼以修禋祀者也而名器不可玩也賜也賜也雖求不見用於物望儼然豈終有沉淪不遇之悲賜乎由此而進于不器也則器畜矣

題是借用字泒叙與斗筲之人一例若作譬喻觀則毫釐千里矣

文將瑚璉實貼在子貢身上說不用取喻打合字跡看題極真而點綴雅令吐屬清新尤有超然拔俗

溫故而知新 二句 臨海 侯嘉繙 元魁

知稽稽交發其脩尊道之極功也夫德性中有故與厚是已知已稽首不可失也而知新崇禮又何非問學之所必及與且聖人中禁韓俞侯三字傳蒲不作衙才出□無物猜必悅心而研幾侯之慮以位而與百姓之能豈敢樂聰明才力所運用謂我給天授非人力哉君子探大原於真愛真致而以備其精以植其本至于窮變盡剔其事同起而有功凡以自脩厥德而已矣何則生人肧胎于太極而易知簡能自受中之始而□然任其時出皆入而不為之蘇其真遂謂氣質本皆盛性奇句大□原註物於無所伸以□物皆有器度數皆為虛文實

首評

游利　大作而見知見仁見各詣之途々分者總去可有[illegible]

不爲之滿其量遂謂書爲我累然爲我用則我非人之家無可傲而

光照樀爲真心天資博爲剩薄令秉德性也本有所謂敬者君子

則温之而知新之學以起又有所謂學者君子則敬之而崇禮之

々上下兩截朱後四項又有而字以互字合頭緒顯

學以起三代而上無可讀之書而忠臣孝子有灼然於此理之不

多丈博千一般事轉新御人逐字分明逐會標露

可發此事之不可踰者任天而動若時々懸一明鑑在々中乎法

程夫非其有生來原有不離而自明不習而自利者[illegible]則新者[illegible]

耳目之寄禮儀猶形骸之說固也而君子則不敢以已知已能求

諸空虛寂滅謂吾性無虧也存養省察涵泳乎其天温所以導新

也路而格求夠緣此以徵其通直內方外安貞乎其新歟於以

立禮之基而進退周旋準此以嘉其會凡吾之循循不厭安止不

還者備是新之發乎刪禮之淵詣溯而已矣然所乘不〻之

戒而文人學士有渙然乎此理之不可拘此事之不可安者游於

既富於蜂〻還其性始在〻完其天真夫非肄業時更有續之而

愈肸飫之而愈隆者乎則其教原為名節之階厚質本多憂患之

處固也而君子則不敢以未知未能徒事鹵莽滅裂謂吾學無負

也御覽附察窮盡其義蘊新新以敦故之緒而其使修誠治前

要其禮而繼長致謹乎節性修以厚之仁繼義

溫故而　侯二

學[illegible]

有以[illegible]其[illegible]大吾之洞燭[illegible]步不[illegible]者俯[illegible]之良皆[illegible]

之象矣良而已矣就已然之迹而紬故與學有得[illegible]夫只者有得

之功久者而總以優而柔之非矯其身所本無固而存之飫如其

心齋素絡繹之常之精明之氣強固有漸推漸漬而富有者日新

矣積厚者光燄矣觸此之機[illegible]非使太清之不得而肆穢

太和蓄積其保合豈敢留性分之缺憾以俟諸言大宇之張皇而

補苴歛未然之迹而諗知與崇有屬之擇善者有偶之則致之而

但以神而明之緒洪出而不窮默而成之數周詳而不蕩瑩之秩

秩定識之浸長力有愈精愈審而故者無失其故耳學者無失其

厚耳前光之瞬存息養不過使天地亦見乎其情萬物各安乎其
命豈故卻學問之多端以絕意言象數爲致虛而守寂蓋自是而
脩凝之道全矣。
險語破鬼胆高辭媲皇墳。說理文字不覺理境之艱深但見
古氣之磅礴而于題中義蘊又極深透確切此種真實本領惟
國初前輩劉克猷能之下此未觀也。六股純用總發亦使
人不得刊置一句題文字上公用

溫故而　侯

溫故而知新　□禮　陳世治

君子德修于知能、各極其至而道凝矣、夫存知能之已然而益致其所未至則德修而道何弗凝哉令使道在天下而將盡知之而盡能之乎此聖人所不敢自居也而君子不敢以自諉懼其已然者失所自來未然者棄所可益則德之不修道亦無由凝耳故修凝之功非一端已也原夫天地萬物之理洞然昭徹于德性之內者乃吾所已知而為故也（所以溫故有六分工夫之說）使吾本無所知則按以事物之蕃變而必茫乎莫得其當然索之天人之與賾而槩乎莫測其所以然而後此之知且無自（非溫故不能知新）發矣雖□性之知吾所故有而□誌之云為動作之間而亦有時見其（乃所謂習其常者）

中庸

本則者行無如明者之易以養也君子有以溫之心與理相涵而已
明者無或蔽其體理與心相習而素裕者無或障其用則後此無窮（溫故為知新）
（之本）之知所為開其先也然或自矜其神明之悟遂薄名物象數為外馳
（溫故又不可以不知新）此雖本明者之未嘗學而聰限于所不聞明窮于所不見則其致終
必有所窒是以君子又必進之于禮儀威儀而即物窮理知禮物無
（知新確）鉅細而或遺因事察則知體事無精粗而不在知新如是則析之既
極其精而不亂涵之益盡其大而無餘德性之知合之問學一理人（收到溫故）
（意完力足）之聰明睿知而志氣如神也而于凝道何有哉原夫天地萬物之理
肫然流貫于德性之日乃吾所已能而為厚也使吾本無所能則

日詐乎品節之繁密而每為外飾日究乎儀文之委曲而轉以起偽

非敦厚不能崇禮

而後此所能且無其基矣惟德性之能本無不厚隨置之尊俎物我之地而自有動發其天真者特無如真者之易以消也君子有以敦

敦厚崇

之本所不忍蓋敦其愛而殘刻自消本無敦惕蓋敦其欲而淳薄盡

敦厚為崇禮之本

化則後此有待之能所為端其質也然或徒挾其忠信之質遂置等

敦厚又不可以不崇禮

威度數為末節此雖本厚者之未嘗漓而大而尊卑上下之無別細而降升俯仰之多愧則其厚終必有所失是以君子又必進之于禮儀威儀以之事心雖所須亦樂以不荏不敢之惧以之事身雖細行

崇禮確

亦範以森秩天序之嚴崇禮如此則品節既極其詳明所性兼為之

故列敦厚

中庸

聖亦德性之能合也問學一聖人之周旋中禮而盛德之至也而于斯道何有哉此君子所以無往不宜也

何嘗不以上下截說而大小相資之意無不畢出明白洞達輝光日新有貫一百川羅絡萬里之勢劉壽来

温故而

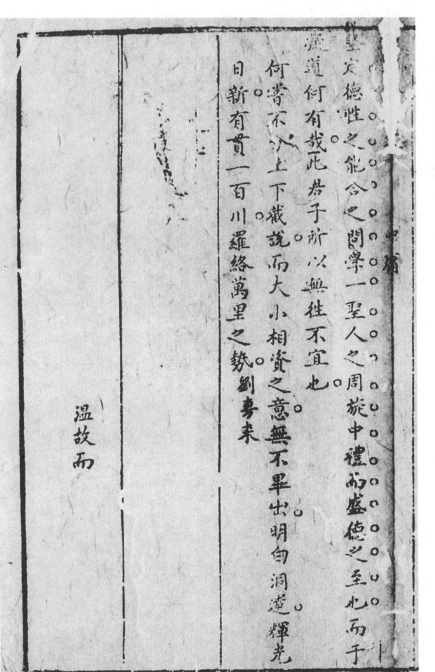

溫故而知新　　劉巖

即溫故以存心知以能新而致矣夫溫故維知之事然心于此存而人能知新則知于此致矣今夫存心與致知本两事也然而其理又（新故者即非二所已知）一以貫之矣蓋自致其所知而深養其所已知者而心可以不放焉（相資相維妙理無出）此即致知而得存心之力也自養其所已知而益廣充其所未知者而知可以自生焉此即存心而得致知之功也吾言尊德性以存心（入語已知所以然知此文字而調紹明）而其存之又在于溫故矣夫故也者即自致知而得者也獲之于窮探力索之餘收之于日積月累之後是殆以格乎物者察天下無窮（前一句）之理而即以蓄其德者養吾所固有之心蓋天下無性外之物而無

物之非性也則吾心之所已知而為故者豈非吾德性之所在而不
可不存者乎。是乎溫之觀乎義理者愈精則培植其本原者益
固。蓋合終始而其中常主一而無絕續焉則溫之之而即緝熙以光
明其志也。斯心以溫之之無間斷者而能存矣。涵泳乎旨趣者愈熟則
滋養其根柢者愈醇。蓋無始無終而其時常用志而不少輟焉則溫
之之而即涉心以退藏于密也。斯心以溫之無止息者而能存矣。若夫
出乎溫之中越乎溫之外者新是也。此人問學之所在而致吾之知
者也。溫故矣而新即從故出焉則必溫故而後能知新也。而故或不
能得新焉則溫故久不可不知新也。理有自一身以推于萬物而以

知之窮盡為知新者亦有自粗淺以入于精深而以知之極至為知
新者蓋一以徧知其所當然而新一以真知其所以然而新也理有
生于觸類引伸之以而以旁通覺悟為知新者亦有得于積習深造
之時而以豁然貫通為知新者蓋一以幽暢乎萬殊而新一以會歸
涵養須用敬進學[illegible]在致知更用得以參
乎一本而新也蓋致知存乎所養而溫故則全靜以涵其體而清明
[illegible]性以未分出涵養
在躬者斂之以為德性之基然進學又在乎知而知新則備蓄以通
其發而志氣如神者攝之以盡知來之藴故即新也所積累涵泳之
而心可以存新即故之所包涵也　之而心可以約者蓋誠明一原
而合內外之道也

本朝房行書新集　中庸

詎不同良知而同已知。然上文已有致知工夫。所致盡義理之知
乃皆推極其德性之知。然雖皆德性。然既已加工夫乎所謂乃亦
已習其事者請之故也。知之以致而吾心之全體大用無不明。乃
加以涵泳畢繹之妙。則已知之理常在我矣。又自知其所未知而
後我心之條理益以成其變化也。從此道此意不密得此文足當
一則經解熟類有云。涵養中自有窮理工夫。窮其所養之理。竊
理中自有涵養工夫。養其所窮之理。此條尤是此題親切註腳

溫故而　劉

割鷄

己未　周金紳

嘉賢者之治、而轉以微物喻焉、夫雞何物也、割雞何事也。武城之治界乃類是、子盖深喜之而故喻之曰、于今矣敝土而覺其治之進乎技也。于乃撫敝邑而益覺其術之藐乎小也、譬斲硎之初試、猶小鮮之是供。殆非不勝其技之患、而惟嫻其技之為得也。異哉此絃歌之聲也、盡可風恍示我以鳴琴之理、庶幾哉求于斯者使割而未能、吾知免矣、庶幾近古忽相忘于下里之遊、肯矣夫往於斯者遊及而有餘、乃止與乎備觀模之蓋爾山川風物殊昔也無多也。上之不敢望羽儀之吉可漸于逵、鴻下之不甚為好爵之

○意○往○言○表○含○吐○備○神○

○引○入○精○妙○

○含○下○二○筆○如○韓○本○句○

雛聲聞於鳴鶴我行其野知不足當驥足之展也一雞之渺而已（無泥如何甚）布區畫于此都文章事業其與能幾何也明知不敢為肉食之謀見猜于遠謨明知不至同魚釜之烹與嗟于周道乃如之人何哉事庶人之治也一雞之割而已（出落層次）事有必學而能者割之為事其不得任師心自標也明矣割也而以雞能不能亦可知也十年積磨（正面旋色妙在有意無意不犬著迹）厲之須一旦新磨治之肆乃僅得于婁其風雨之晨星村而稱職則亦必躊躇而滿志也夫周鄭重乎其割之矣事有可不勞而治者雞之為物其不難為徒乎之伏也明矣雞也而以割治不治更可知也小道豈必無可觀片長自喜其凡錄乃僅得于夕陽躑躅

之際奏巧而呈能則不免降心以相從也夫亦深慨乎其割之會

然則苟無此割何至擠其能傷手之譏世共凜之矣苛或猛于虎（反宋文情愈活）（勁任縱字下意躍如）

敗鮮獲予禽大官大邑誰非苟且為之也而于一雞乎何有然則

既有此割豈遂展其奇利器之懷世共樂之矣蠶績或歌于蟹筐

范到致美于蟬緌一行作吏未嘗玩愒居之也而于一雞乎何異

吾獨嗟夫及鋒而試非爲彘鶉之尊取其血膋不等三犧之童乃

迎刃而解者必鸞刀是執焉假乎何謂之所用非所割也

是半截語卻已隱攝全神吐納風流正爾笑容可掬　王罕皆先

生

妙在化俗為雅。否則推探滿前。正恐貽笑持匠。殷會蕃　周

裕

王逸虬

裕亦仁中之一端可繼寬而及之也夫裕雖不遠乎寬而已進乎寬也故就至聖而言仁之德當繼寬而及裕耳嘗謂至人御世神（從上遞下氣自閒雅）運萬物使其性量不局於偏隅而心斛或形其廸從不幾疑有可大之藏者而未必有可久之蘊哉乃若按之靡盡寸衷已涵畢世之規引之有餘一日直具千秋之槩勝念精微泰宇彌寧矣至聖仁之德豈第寬而已哉寬以言乎其莫大也乃夫之所積自寓悠（是寸裕）長而一息非暫一念非短大之中且覺其紆餘而自如而何所拘其方寸寬以言乎其至廣也乃廣之所際自生恬適而居常無擾

優變無驚廣之中更覺其從容而自得而何所廹其中懷則試由寬而進求之又可想其心躰之裕焉莫裕于一心之運旋而理無

起筆勁

本順理則裕一語而反言之即

不絕者物自不得困其神夫人於理或有所間方不免有扞格之

總上能守一筆

患欲其心之暇豫也能乎若至聖則無間無間則紬引之而端無

設理清暢

始有裕于端之先也抽之而緒無終有裕於緒之餘也而安舒不促者早與恢弘而並著矣莫裕於萬物之咸備而理無不豫者心自不得攖其寧夫人於理或有未備方不免有跼蹐之苦欲其心之優游也能乎若至聖則皆備皆備則豫靜則覺其神安有裕於靜之中也動亦徵其天暢有裕于動之中也而順適自宜者早與

丕冒而俱呈矣後世高言大度而豁達是期將運乎心者反不勝

補此一層更覺完固

夫怠緩之病是肝豫且未免有悔而非所謂裕矣至聖心統元善

何時不存肫與之念俶而神（示不脫主生知）靈首出肫與雖宏有惕信其安敦者

夫豈或隣於怠緩哉不主好言廣被而推行失序將共于中者又

不勝夫躁急之慾雖頻復亦見其生厲而益非所謂裕矣至聖德

根成性亦何地不存愷惻之懷然而質任自然愷惻雖殷有倖形

其舒泰者夫豈或震其躁急哉合之溫與柔而至聖之仁詢足以

容天下矣

空明朗徹理題中一座琉璃屏也　阮薀村

來詩謙 有異 姿

奇 一望氏

○○○登泰山而小天下　王宇

高天下者，天下無餘大也。蓋天下莫大於天下，泰山登，天下小矣。吾以孔子似之。何則，孔子在天下，非天下孔子也，孔子超天下之上，天下閒孔子之內故，天下無兩孔子，孔子無大天下也。嘗觀泰山東峙，天下一巨鎮哉。孔子自畢也，基累於觚，孔子自高也，位造於臺，則若登於泰山焉。方且與玄冥接，而俯觀神州，雖是當宋覽者，方且與帝座鄰，而環觀世界，雖是當大觀者。凡錯陳於方內，若宗廟之鉅麗，百官之師濟，紛乎[illegible]哉。馮絕巘而睇之，九垓杯土也。凡幻化於寰中，若天時之顯藏，水土之流，莫妙乎廓哉。齊魯巒而睇之，六藩彈丸也。試瞰前朝，北湿蒲点邪。安邑耶，亳都耶，岐帝畿王直，一望收之。累代勳勳之宇宙，未有僥倖博

幻出奇觀

異恒

皇明小題尋秋集　下　萬曆庚戌　河合　朝

皇明小題尋秋集　下編　萬曆庚戌　刪綵房選

矣試觝徃哲遺踪華野耶首陽耶柳下耶幾潛哉見直一盼之聲聖
搼扶之世界未得誇為弘矣蓋升五嶽之宗華嵩華衡恒𡸣拱揖其旁
小四顧自空天際陟羣望之長舉山阜崗陵擺布伏其下而八極寥滿
目中斯其為孔子乎非孔子天下惡乎小非小天下孔子惡乎大
尺幅中有十洲三島之奇異而來

登太山而小天下

錢塘　金　虞　小湖

超乎天下之上者天下一魯也夫太山之高更無山與齊者也登之而如見孔子矣其小天下也固宜今夫天下之中有魯于魯國之內有東山于東山之下有孔子以孔子與天下較方存乎見小又奚以見高而吾謂孔子之超乎天下者微特魯國為之限而東山亦不足為其高無已則姑以登太山喻姑以登太山而小天下喻生乎天下者囿于天下猶魯人之不能不局于魯也登太山焉而始見天下矣然而天下小矣氣蓋天下者自空天下猶魯人之不肯自域于魯也登太山而始見天下之大矣然而天下小乎天

西泠文卷　人○爲○深○遠

下一散布之形也散而無以相攝則秖覺其浩博之難稽矣山（滿○幅○結○俗）以爲依而天下之散者聚焉矣懸高四望形勢燦然吾足已躡乎天下之巔吾目已窮乎天下之外舉終身閱歷所不能遍者皆可一覽而盡之也登太山者恍乎如見尼山矣天下一獲聚之象也聚而無以相統則愈見其紛錯而難窮挾太山以相臨而天下之聚者判焉矣高視遠矚萬象悉呈吾祇覺所登之峻極于天而不覺天下之皆出其下舉方輿記載所不能詳者皆可遙意而得之也小天下者不曾置身天下矣太山終古而不遷天下亦終古而不敝而太山之雲雨不崇朝而遍及乎天下者其居使之然也有

二刻

登之者而若尚遊要不過千里而近千里而遙豈徒陽谷隂崖俯一方之巨鎮天下已非黃農虞夏之天下而太山猶是鴻濛甫闢之太山凡天下之名區無不環拱而輸服于太山者其高不可躋也有登之者而渺渺乎懷已遊于六合之外八荒之表矣俟升中黌齋睹萬國之來同稱也居鄒魯于山見泰岱之爲隆乎極天下之大觀而無憾矣惜未得登孔氏之門也

大手筆不作劍客

出落非泰

會當凌絕頂一覽眾山小文之蕭瑟嵯峨亦復乃爾　胡楚望

登泰山而小天下

江南聚奮臺月課　金壇貢監一名　許培榮

聖道大乎天下為極其境以形之焉夫曰天下盡乎境之辭也而理人能小之孔子耳其諸登泰山矣乎今夫以有盡之境而測聖人無盡之神不肖也獨是聖人有無盡之神而天下終無無盡之境即極天下之境之無盡至于聖人之前而無不覺其可盡則其所獎更有進焉者也登東山遂足以盡孔子乎未也在魯言魯則魯大而在天下言魯則魯固藐乎小矣天下有大乎魯者也登東山而視魯則魯小登東山而視天下則天下居然大矣天下非東山之所得而小之孟孔子之在天下也而天下為之小矣何也孔子登泰山者也萬物

之數揣其偏則難勝而攬其全則易舉此大較也人于天下所立者
偏不能得乎天下之全而欲測天下之以何為量猶之立乎魯而揣
天下以為盡于魯也登泰山而攬乎天下之全則凡在天之下高下
散殊而不一者皆在指顧間參萬物之變以散紀聚則見其多以聚
紀散則見其小此大較也人于天下皆患其散不能斂天下之聚而
遥憶天下之不可紀極猶之未登東山幾疑魯之大不啻天下也登
泰山而得乎天下之聚則凡在天之下紛紜錯綜而難齊者皆在計
然內乎天下之大無所不有然而有聖人之所有而為天下之所無
卒然天下之所有而為聖人之所無也夫極古今來之所日開日闢

于共聞而初無溢量者非此天下也哉而以孔子視之直不足當其睥睨耳天下之大人所共見然以聖人稱乎天下之量則聖人淺天下大以天下囿于聖人之中則天下以聖人小也夫合古今來帝王聖賢之所有事而卒难滿願者非此天下也哉而以孔子當之直不必爲此瑣屑耳意大矣

根闡道理處未却絕妙

本色指點妙于語言非凡子所辨原評云是喻言却不是喻言又須發不得上句去體勘無餘當是章大力得意之作

陽

乾隆乙丑　王際華　白蘇

伶以陽名昭所事也夫陽嘉名也肇錫以此少師其庶不愧矣乎闢之禮由陰作樂由陽來故日中而前處衛之碩人以之自譽而非誇實降而命名魯之伶官以之比類而亦非外記者於魯伶之去歷誌其官其人而次及少師粵稽其名則維曰陽彼陽之為義也為天為日為君為父為木為火其於時為春夏於德為元亨其配於位也為東南於數為奇其在卦也為乾為震為坎為艮陽之時義大矣哉少師之生也姑勿溯其義何所取而第由陽之官少師竊以臆擬之吹嶰谷之竹六呂泌繞於六律而陽實足以該音

巧合

古調獨彈

以下六比從少師落想

之金奏簫韶之響九歌用媲於九成而陽更足以昭數之極庀材於琴瑟而孤桐之貢爰美嶧陽之產陽和於鳥獸而來儀之瑞用著朝陽之鳴執簧由房而陽陽以奚君子良無取於幽陰之象而尚和寡而陽春先乎白雪寧非貴彼和暢之吟陽之名其果有取（以下四比從太師諸人落想）於此耶顧飲以導和其養屬陽而脩食諸官不聞烝樂佐而錫此（靜中生花）嘉名鼓以動衆其象為陽而方叔有職豈其避少師而例從稱字矧擊為樂長而名以命義轄有羨於沉潛之美乃陽以官貳而義（以下另尋陰宰樂嚴不諜）以章名竟乃據此高明之稱讀柱下之史陽豈有羨於沐古之志（跌蕩）耶不然胡為執籥秉翟而乃襲攸伯陽之稱延室冀北之群陽豈有

趙人之識耶不然胡為與欒數胄而乃附於孫陽之號獨是魯之國太阿倒置陽失其位考擊之下其音必有斷而不宜者陽豈偽官而來之關耶乘桴浮海（名陽虎貨）陽終往從日出之隅抑以卒歲也哉君子曰此則陽之不幸也夫

一陽字有如許搜剔人皆刼刼我獨有餘故知世有鄒生不患不陽回寒谷劉坦闇

或借他人闕招或從本人生情巧思層出忱趣橫生豈文通生花之筆郭公又奪付君耶江翰昭

陽　原評即就陽字反炤下文

陳蒼鑄

核名於少師，初非安於隱者矣。蓋陽則欲以自顯也，少師名此，豈常有遯思乎？嘗觀於夫子之繫易也，雷出地奮，而先王因以作樂，是知樂由陽來者也。典是職者，亦惟在宣其和豫而不使之湮鬱焉，庶幾無曠厥官乎？以吾聞魯之樂師，有以陽為名者，是亦足記已。考其位為少師，則有讓大居小之意焉。大為陽而小為陰，尊卑之序，嘗亦備官者所素知也。即其職佐太師，又有以呂從律之義焉。呂為陰而律為陽，倡和之應，此尤典樂者所宜辨也。而茲顧以陽名，豈誠感於簡兮之詩，日方中而在前上處，故俁俁者託於向

倩。倩。恰。合。

即字。名。上。生。情。反。覆。妙。旨。

切。樂。官。

論語七十四

以自豐抑寧有得於由房之歌簧之執而相招為娛而陽者鳴其得意以自適而不必然也第想陽隷職太常凡鞉鼓之器皆在所教是殆方叔諸伶之所受裁也而今者流水逍遙則部分亦

根本春官小師恰好拉入諸陪客

形其寥寂矣其誰與宣陽而出滯歟抑陽率屬司樂而饗祀登歌實掌其節是亦亞飯諸司之所受成也而今者他邦遠適則意致應與為蕭瑟矣其尚知宣氣而養德歟使陽而通於天地之理則

意本易傳

知少為太之所生太之是從亦惟安於陽而不躁之德抑陽而從

義本樂記

於先王之制則知樂必禮之與俱禮之已失又何有於陽而不散

原評海之為言晦恰好對照

之和而於是號陽以自顯者亦且入海而自晦矣

旁見側出意趣無窮又妙在與樂閑熖絕不牽強鴻治天姿新
異與難兄身承柳門庭訓故弱冠而成就已如此

第三十一冊　卷九十一

陽虎曰

一等一名　相元吉

欲證取民之說者、引盜臣之言焉、夫陽虎盜臣也、其言何足述、而取民之說可證也、故孟子特引之、告文公曰、人君以民事為急。大抵與賢臣商國是。酌民法。一切權倖之進。皆不得以參末議。非謂其謀之未周也。正惟蘊蓄之中者愈深、斯出之口者愈刻。故雖有言無足取耳。然而略其意而取其詞、亦古不如援以相印者。臣請進言取民之事。且夫取民寡求可易言矣。履畝增稅。何以見譏於春秋。伍我田疇。何以猶傳夫遺愛。為國者歷觀往事。獨不可深長思歟。即如作風詩之周公。徵邠俗則獻上必曰私。縱戒無逸則勤民惟云正供。其深重民事。而勿敢罔民者。豈若魯季氏取全取半。

作軍舍軍偕其臣冉有輿賦粟倍他日哉然吾且概置弗論論季
之臣陽虎夫陽虎何如人也不侮人之謂恭未聞虎引君於當道
不奪人之謂儉未聞虎輔主以潔清況乎侵嗌之念素積於中即
論其取民當必有饒錐刀而較錙銖者何暇引其人並及其詞乎
雖然猶有說從來貪婪無厭之傳明於為己亦不闇於為人贏縮
之數昭然若揭恒有時於予求予取之餘迫而為展轉商確之語
而誅求悉索之下精於審時亦即熟於度勢損益之形恍然可悟
亦有時以患得患失之念轉而發人情天理之公吾引陽虎吾憶
其言寶玉可竊也不畏國法大弓可盜也不凜名器跡其生平吐
辭奚堪溯乎然人世棄取之端嘗有君子之指陳反不如小人之
剴切者為其閱歷已深也想當年太息咨嗟豈真知民嵒之可畏

而婉轉擬議不嘗披肺腑以俱流躊躇其滿志歟乃竟為是衡量而出也蓋至今猶如繪其聲矣桓子可因也何計尊卑國政可執也不嫌干紀按其素履持論庸有當乎然人間趨避之路嘗有專論之不明反不如參觀之易見者為其籌畫已審也想當日徘徊却顧豈誠覺寤寐之難歟而反覆圖維不嘗合順逆以相計揣摩其已成歟乃竟為是慷慨而談也蓋迄今猶如聞其語矣雖引其言者不必問其意一彼一此何嘗養老肥壯之殊而惡其人者不必廢其言何去何從聊取靜女干旄之節進觀其言為國者其知之矣

陽虎曰為　富矣

清雋集　陸鍾澤

富與仁不並立為國者宜知所斷矣夫富妨於仁仁亦妨於富為國亦壹於仁而已陽虎之言豈以人廢哉且千古莫廉於真小人而莫貪於偽君子何也小人有決於為惡之心君子無專於為善之志後世雄材大略之主外施義內多欲卒以病其純王之治焉則亦未嘗闇盜道而思盜言也今之人臣多言富國臣為君計獨言仁民仁歟富歟將兼顧歟此其說嘗得諸為富不為仁之陽虎矣大抵書生常談每不如奸雄議論之快負我負人不過兩言而決蓋深慨夫盜跖塵埃聖賢寂寞毀與譽一聽諸人而因以片語決興亡之輿老成謀國每不如鄙夫計莫

之工遺臭流芳各有千秋之想蓋深怪夫小人畏禍君子憂貧進與退兩無所據而因以一言發同惑之蒙猶是人也悍然而不仁矣剝膚敲髓豈不為怨詈之叢問何以無所忌曰為富也此陽虎之所原也猶是人也俄然而不富矣沈玉捐金豈不為豐盈之蠹問何以無所憾曰為仁也此陽虎之所惜也人莫患乎不能專東陵之膻豈無餘腥陋巷之瓢豈無餘苦而專之者甘之矣夫混淄澠為一致知斷無甘辭為富之途乃何以薰蕕分明既覩尸祝之馨香復豔度支之紅朽也恤民之詔晨頒平準之書夕奏使寶玉之精魂未泯亦當笑斯人之愚人莫患乎不能舍鹿臺珠玉豈不知焚帝陛茅茨豈不知陋而舍之者忍之矣夫懸堯桀於一編知斷無樂擁不仁之號乃何以慈良不

昧。既責民牧之無狀。復罪計臣之不才也。蠲賑者揮霍而去。権
算者朘削而來。使萬靈之枯骨能言。亦應歎後言之巧。苟思為
富。宜學不仁。既願為仁。何憾不富。一賢一不賢。君自擇焉可矣。

第三十一冊　卷九十一

陽貨欲見　一節（論語）　周際昌

陽貨欲見　一節　　辛酉　周際昌

聖人之遠小人、未嘗堅於辟也、夫士固無往見者、亦無不答禮者、往何必見、遇何必不見、子之於貨、可以觀已、從來阿世者不擇人而與、而抱高世之志者又或辟人過深、唯聖人裁之於義不悖其人、慶之於禮不重絕人、夫是故正不變惟而望而可即也、昔孔子作春秋、懲亂賊、其相於魯、則有兩觀之誅、三都之墮、定之五年、陽貨作亂、孔子不聞請討、是時孔子猶是魯之一士也、夫貨幸而不遇孔子、得免於討足矣、胡乃以欲見孔子、特聞天抵國有正人小人、所畏無由擠之勢必收之、貨欲陰樹私人、竊謂莫逾於子、顧又

梁擇世家說、治是史公在案注上不涉見土往狩其門

[illegible]

不能以禮處人竟將羅而致焉何不自量之甚乎蓋天下即無不（頓〇落）

（迭〇氣〇摩〇空）可見之人而士之相見自有禮矣孔子至聖豈不知往見之為不

義者貨於時思所變計也禮大夫有賜於士不得受於其家則往

拜其門以為是殆不難以術致哉瞰其亡歸之豚孔子素稱知禮

（妙〇舞〇妙〇藩）宜其入吾彀中耳嗚呼見非予之欲而貨之欲也雖然物不可以

苟合其先以無禮招我則待之不得不嚴物不可以終遯其後托（易節入化）

於禮以要我則拒之不必太甚往見非也禮而不答亦非也瞰而

（敘〇然〇與〇左〇公〇陳〇公〇一〇宗〇齊〇名　并相埒）往唯其稱也往而遇見无咎也夫聖人自處以正而不凝滯於物

者也陽與忽相值貨既非出於有心潛與洵相遭子何弗處以無

意然則此一遇也雖謂之既見可也即謂之不見亦可也

蕭疎淡遠儼之柳州小品可云神似賀山律禾

純作峭勢尤有閒情讀古不熟則縮丈為尺早已手忙腳亂罔

不足者作者一瞬殷會侯

覆句水於凹堂之上而層波疊浪變怪無端極文章之能事紀

曉嵐

鄉人飲酒　一節　金居敬

聖人亦與鄉人齒、即飲酒而致敬老之義焉、夫聖人亦鄉人也、杖者亦鄉人也、乃于飲酒而出則隨之、謂非其敬老歟、昔吾夫子旅人也（何拙入手焉）（異）自一車兩馬以至曳杖消搖之歲、其闇與昌平父老歲時伏臘斗酒相勞者蓋亦無幾、而夫子已老矣、而必欲于卒爵言歸之際、儆其子弟以禮、即及門之士見者不亦廣乎、所謂之一同鄉人飲酒杖者出斯出矣、（即借鄉飲禮作波）或曰是鄉飲酒之禮也、賓賢能則三歲一舉、鄉大夫飲國中賢者州長習射黨正蜡祭皆一歲一舉、（一意一逆一注一妙）吾夫子蓋嘗射于矍相與于蜡賓宜乎其飲酒者也、然而非是四者、鄉人亦嘗不飲酒、必于是四者（鋪得清快）

而飲酒鄉人與鄉人何其飲酒之臻歟且夫鄉飲酒之禮吾果行何（何異人爲下……殺務）
以夫子吾禮曰六十坐五十立侍以聽政役所以明尊長也如是則
鄉人之所養焉致敬者惟杖者夫子寧有異且吾鄉不廢朝暮不廢（養老浪）
夕飲酒之節也工告樂備遂出是工之出也賓出主人拜送節文遂
終焉是賓之出也雖微夫子孰有不當出而出當出而不出者哉蓋
爲鄉人偶然之飲酒也（酒然）同夫子于鄉人是鄉人之中有一夫子焉不
忍于鄉人之外別設夫子之如何也異杖者于鄉人是鄉人中有夫
子亦僅謂之鄉人鄉人中有杖者不敢踽之于鄉人焉即可于鄉人（何然折出斯乎）
之內審識杖者之何如也然是酒也亦偶然相與飲之而已矣非必

有監史之設笙歌之數也何以和樂而不流安燕而不亂也然以為（妙是）節而以杖者之出為節蓋鄉人或下夫乎乎觀禮而夫子之出一惟（偶然飲酒）杖者是從今而後鄉之人咸知杖者之未出不可以出杖者之既出不可以弗出也衆著于敬老之義矣孰謂鄉人而偶然飲酒哉夫子（古文起伏）亦猶行鄉飲酒之禮也惜乎夫子東西南北之人也是酒未嘗多飲（雲雷堆積想見迷離）也蓋逮魯之年而夫子亦杖鄉久矣

此作工之華善服其典核嚼真雋永又變其章法之謹嚴蘇葵動書鈔鄉飲酒義亦康成車後之塵始覺也卻嘗以然其馳驟議論所近人情波瀾細淡亦全是古人風致　峴聯先生

他文不寫成鄉飲酒已矣不解即借作議論于典故皆化實為虛于題目乃以有証無因耀于獻轉戰而前巧變那有盡允妙在下截得此波折益見斯字自然中禮處

鄉人飲　金

鄉人儺　二句　何焯

明乎儺之禮者、其致又行于鄉矣、夫鄉人但相與為儺焉耳、其禮則惟失于明之所以作階之上、必朝服以致敬哉、且昔者周禮在魯猶有先王之風、孔子閒居莫非盛德之至、豈惟必謹于大飲而亦不忽

禮○服○[illegible]○[illegible]○[illegible]○[illegible]○不○作○[illegible]○儺○

于大儺也、夫儺何自起哉、古之制禮者為一寒一暑過則為災、有鬼

月○令○季○春○命○國○儺○中○秋○天○子○乃○儺○季○冬○命○有○司○

有物憑而生厲、故畢春達秋以時綏攘其害氣、氣且更始、畢民可禁

大○儺○民(?)○庶(?)○皆○得○用○儺○也○

其不祥固必命之有司、亦得用之鄉人也、獨是百日之勞一日之澤飲之為樂猶有若狂者矣、况若方相所御百隸所執儺之相冶得毋

狀、起、朝、服、

近戲也、歟乃大于于此必嚴然朝服以臨者、誠以季春之月國用國

之離也令也自國而鄉焉其禮之重也猶夫有國之儺而已仲秋之

祝、祓、用、革○磔、家、祖、間、

月國天子之儺也令也自天子而庶人焉其禮之重也猶夫天子之

○原○祇○藏○重○他○又○郡○土○牛○出○送○亦無

儺而已將以殺陰陽之沴必吾之心正而後二氣亦順而不遺非是

吁養理

則燮理失其本也為之同吉月之朝章庶有明其重而化于正者乎

將以綏地天之通必吾之肉育而後百靈始退而藝命非是則雜糅

義、剛、大、方、類、服○以祭于○杞○以○有玄○也○

不可止也為之其大矣之祭服庶有明其重而化于育者乎然而夫

裕、好、虐、出、下○二○意、

于所立不于其地而于阼階則何以數蔡旁磔于四門亦入室于吾

○原○祇○經○門○撰○義

室者時儺所有事也阼階東上是非主人之位儺者之感靈以主人

為有然者也主人踐其位而不儺則雖常職是修獨相感而有其寔

焉。固即資吾永散之誠意，歐彼既屈之游魂也。室中先祖亦有主人之道。先祖之精神以吾身為憑依者也，吾身盡主道而無數，則儕五（傳批從）祀之屬咸相安而逢其吉焉。（先祖帶出五祀）室神之為德益盛，非族之為妖遂衰也。斯又一時動容之中，稱其為服之盛矣哉。記者與飲酒之事類而次之，以見夫子謹其先後，故知張弛而往有所裁，備其誠敬故通幽明而戲有所止也。（應）然則夢寐周公而欲存主道之俗于鄉黨，亦可因是而推矣。

郊特牲篇云：鄉人禓，孔子朝服立于阼，存室神也。則注中後一說亦禮家相傳之義，故兼用之。自記

取數甚多。修辭大。富此明季諸公所欲為而不能者。李安溪先生

字字典雅。壽考多。自無一凡語。韓慕廬先生

儺字原委曲折精到。國儺天子之儺二意。人必為鄉人作儺不解

即此儺字朝服心正內直是內之主一無適乃與外之整齊嚴肅

為服斯稱正直二字又關着儺字意替却題中誠敬二字較為融

洽後幅措恐驚先祖五祀之神句用作阼階題與本題不相得

而相足學先生者知多讀書尤須善運化也

鄉人儺　何

瑟兮僩兮者恂慄也赫兮喧兮者□也

內身外各得所止者繹詩言而見矣去□之有其恂慄則心無不正外之有其威儀則身無不脩抑知郎所言瑟僩赫喧者是乎求止者其思之且夫人有心而有身有心則心必有其止焉有身則身必有其止焉要之理嚴於心之內而靜足制動象著於身之外而動皆靜理則內之所以為心與外之所以為身皆明明有厥止之可指焉我繹衞詩如切磋而既為道

硃卷 甲午福建六十四名 林向郁

學學止矣琢磨而既爲自脩脩止矣因是而想厥心夫人以心求止不可不念厥心而尤不可不求厥心之所以止而詩何以言瑟兮僩兮詩言瑟亦言當日武公之所以爲瑟兮如此其言僩亦言當日武公之所以爲僩兮如此我思當日心攻物而物無能間吾心物去心而心能不屈于物斯非用志之不踰乎夫亦具止之不踰也後之求止者咏瑟兮而不知詩所以言瑟之旨咏僩兮而未悟詩所以言僩之旨遂見

夫既學既脩之人恂乎有篤若懍者矣[illegible][illegible]可爲其懍焉也慄乎有戰若中者矣則曰何爲其[illegible][illegible][illegible]我則宜爲之指其說由瑟兮僩兮者恂慄也因是而想[illegible][illegible]入人以身求止不可不於厥身而尤不可不求厥身之所以止而詩何以言赫兮喧兮詩言赫亦言當曰武公之所以爲赫兮如是其言喧文言當曰武公之所以爲喧兮如是我思當日有其意則亦不必有其容有其意而文何必無其容斯非外者之足覩

硃卷 二

乎夫亦其止之足觀也後之求止者誦赫兮而未喻
詩所以言赫之意誦喧兮又不解詩所以言喧之意
及見夫已學脩而恂慄之人儼乎有畏若威矣則曰
何為其威儀也恪乎有象若儀者矣則曰何為其儀
[illegible]我則直為之斷其指曰赫兮喧兮者威儀也噫
句外兼獲之學後世惟濂洛諸儒近之矣

明清科考墨卷集

○○聖人之於民　孔子也　王露

凡聖于同中見異至聖于異中充異矣夫出類拔萃聖人之于民則也而不類矣要未有如孔子之盛者也有若之知聖也至矣今夫于衆人之中而尊之曰聖謂其同處于人之中而超越于人之外者也夫此同處于人之中而超越于人者異也而有充異焉者則同處于聖之中而獨超越于聖之外者也麟鳳山海之不離乎其類也固也

斤斤句只宜如此輕輕點宕過正認真照剔便使後文轉接不費

至于凡人以而聖者也人而聖則將不猶夫人然而聖人聖而人者也聖而人則仍不離乎人是以民有耳而聖亦同此耳目也民有心思聖亦同此心思也其于民也蓋亦類也雖然聖人之于民其耳目

本朝歷科墨卷前　孟子　二八　康熙庚辰會試

聖人之於民　孔子也（孟子）　王露

類也而聰明不類其心思類也而智慮不類其類也所以能出乎其
類其出類也所以能拔乎其萃凡為聖人其盛皆如山然吾窮思之
便提　便提
自生民以來其為出類拔萃之聖人蓋亦多矣大抵事功之所稱與
道德之所歸莫不各有所見獨至孔子則無可見矣無可見故亦無
末句含蓄講不透三句以末講足透無餘蘊
可名凡豐功偉烈畢舉而歸諸意量之間皆天覆也斯豈必遠求孔
子哉蓋即孔子一生時行時止之常極千古之帝德王功有不能外
焉者矣且其天人之所定與時勢之所成性各不相兼獨至孔子
則與不兼矣與不兼故亦無不化凡忠敬質文悉與而行諸素位之
有勉而為者有察繇
內節日用也斯豈必高言孔子乎蓋即孔子一生動靜語默及會極

往哲之天授神奇有不能至焉者矣噫孔子亦人耳其于民亦類耳

以嘆數作提挈神氣有力

孰知其盛乃如此哉夫有若之在門不在言語之科而其為此言也

於非尋常意許之所及學者不能深知聖人至以一偏之行與聖人

絜才量德也不亦惑乎

審乎評畧淺深之宜顧步從容不必劍拔弩張而平者奇者兩不

能俟豈非養到。小講下若認真翻剝聖人之于民不類則下面

出類乎巳淺氣若不講亦類也則緊接出類又如何作轉若呆講

群聖人之出類拔萃則未有盛于孔子又作如何跌落孟子本文

本自生能活虎一語呆相便不肖題豈有他謬巧只是曲折如

是才必另生枝節而轉折動盪無不便早推出衆風流○未有盛于孔子、盛字下尚有一于字○是與羣聖較○而見自生民以來許多聖人俱未有盛于孔子者○今却群聖而專贊孔子之盛○不惟下字、未有着落抑亦是未有、孔子、未有夫子、通用議論也○亦惟元作為備細○

聖人之至

聖人之於民亦類也

王步青

知聖者不遽爲尊聖之辭、欲於類見之也、夫必離類以求聖、何如即類以見聖、不然、豈聖人者、獨非民中之聖耶、孟子引有若之言曰、天下異同之見、太明則昭曠之觀反隘、彼物之爲類固已、我嘗觀於民、五行之秀也、而林林者胥是也、萬物之靈也、而蚩蚩者不乏也、有聖人焉、震而驚之曰、民之望、趨而從之曰、民之極、難乎其爲類矣、不知聖人之於民、形色無異、別聲食味嗜齊、豈遂焉其寡儔、理義同然、父乾母坤、百里亦群然、而中處盡其踐形也、祇踐民之形也、其盡性也、亦盡民之性也、兩間清淑之氣、固有所鍾、而惟

致太過則已夸古來怪異之說縱非無本而擬不於倫抑已誕故
即以爲民之望使非類也○而望者何心○即以爲民之極使不類也○
而從誰與立○此聖人特麟鳳山海之稱而斯民同飛走流峙之屬○
亦類也○惟然而不類者出矣○
簡鍊之至○變化自生○不混弁上文○尤推大雅○ 胡江晏先生
遂字出落○有層崗疊嶂之奇○亦有雲行水流之妙○ 馮行可
實做正面○而自有上飛九天下遂九淵○無可蹤跡之妙○大力鐫
肝鏤心○正不免規規打摺也○ 曹次辰
勝有不知聖無勢○下文出類二句尚是過脉○而題句無論矣○汪

題神以為題面不落呆詮而于本位仍複不溢名手勝人即此

以窺豹　李致友

能曲能達能速必如此文方許作簡體外間枯瘠吾不知之也

雲僧

外間求枯如樵指譏如雲翁所訶然非寢饋積卷而欲于簡體中見遒曲蘇恐多于蹄涔間耳　李楚林

聖人之於　一節　　巫楨孫

聖類民而聖不類聖可以得盛之説矣蓋凡聖之聖類乎民而要不類乎民者也孔子之聖類乎民而併不類乎聖者也故曰盛也孟子引有若之言曰人類不齊惟聖其極顧類何嘗之有其類者即有不類者乃不類之中而今古又多自為不類以成一類而不類者復類于是更有一人焉不特于類之中形其不類抑且于不類中形其類則以為天之生是使獨為爾矣吾故由物類而推諸聖人之于民謂聖與民不類者非也如其不類則是聖人者聰明異而耳目亦特行異而手足亦異睿知異而心思亦異乎吾未聞生民來果有

墨卷選　　庚辰

江不類之民也則亦未聞生民來果有是不類之聖也則以類求之而知物與物類聖與民亦類謂聖與民終類者又非也知其終類則與聖人者耳目同而聰明仍同手足同而持行仍同心思同而靈知仍同乎吾未聞生民來果有是類聖之民也則亦未聞生民來果有是類民之聖也則以類求之而知聖固且出類亦且拔萃夫于民而為類于民之中而為萃而俄焉而出矣俄焉而拔矣夫高地傳會有幾人鍾兩間之靈秀而使之闡生于其際而不謂民類中竟有此不為氣拘者也而不謂民萃中竟有此不為物薮者也盛矣哉非聖人亦能若是乎何也自生民以來固希世一有也然于其類中而為出

於其萃中而為拔而未幾又有出類者矣未幾又有拔萃者矣往古來今不乏哲人秉一時之運會而使之代生于其間而不謂出類中遂有若擾攘而至者也而不謂拔萃中遂有若比肩而至者也聖矣乎若以云盛則猶未也何也自生民以來固随世一有也若我孔子則出獨于民之類而為出寔且于所出之類而為出前千聖之道法于孔子集其成後百代之統傳于孔子示其極孔子乎出類者有之矣出類之中更有所出焉生民來有之乎維聖人之于民當且同類而尊之曰未見其匹也豈獨于民之萃而為拔寔且于所拔之萃而特拔生安學利孔子兼性反于一身一貫多能孔子備道藝而齊出

醒未字

有句妙

末句扼定上文語乃為切至

於乎拔萃者有之矣拔萃之中更有所拔焉生民來有之乎雖聖

人之于民當且並類而稱之曰弗聞有兩也未有也未有也則誠盛

於得字察

也而出若此聖之出類拔萃者僅僅誇多于民類云爾哉噫嘻願學之

思其能已乎

願學孔子

作勢作態總在末二句上用筆夭嬌奇變矜不可測〇如此佳文

惜前後猶有夾雜陳腐數語再一刪汰乃歸紫淨有志者宜肯入

去亦去耶

聖人之於　孔子也　李晶

聖人之於　　孔子也　　李　晶

類同而有不同者即羣聖而可得至聖之所以異焉夫聖人雖非外民而自為一類然其出與拔者則固類而不類也由是而觀不可以得孔子之異哉孟子引有若之言以為吾意中有獨異之一人焉何其難為形乎故嘗曠覽往古莫若置此一人于羣聖之中而衡量焉以明其異也然則置此一人于羣聖之中又不若先置羣聖于百千萬人之中而衡量之使于異中見同復于同中見異焉而後乃可以明乎凡聖之異而後乃可以明此一人之尤異即如物之與物其相去固已而不獨物為然也嘗思自生民以來賦質各殊其間之為知

庚辰今試

知愚者賢者否者敏者鈍者何可勝數斯亦極生人不齊之致矣況
其人而至于聖則人益莫不震然驚之以為彼其所為都不類人間
事也豈可與區區之民等量而齊觀哉而吾則以為聖人之于民亦
猶夫物之為物也蓋類也雖然果聖人之于民而終同一類則又何
必復以類言之意必有其大相懸絕者而後乃從而原之曰此固其（類也）
字有些肥荒恰好轉下
相類者也是類從不類而後有其說也故其與民同是類言也而肅
又不同類者其粗不類者其精也斯出之矣惟出則必援子子乎超
于萬物之表而羣萃而處之內莫有與之為伍者何其高也抑其與
民同是耳目也而聰明不同類者其迹不類者其神也斯出之矣惟

出則欲拔卓上乎立于庶物之上而維然萃聚之中莫有與之絜量
者何其峻也出類拔萃羣聖皆然假令吾意中所獨異之一人而亦
不過若是之出焉拔焉則自往古以迄今玆其得與于此者蓋亦代
不乏人何以立古今之絕德擅天下之大觀而私心嚮往誕登無從
令人有觀止之嘆哉吾故于追隨之下仰其德巍欽其道範覺麒麟
吾知其為走鳳凰吾知其為飛泰山吾知其為高且峙而河海吾知
其為大且深也惟于孔子也不可知則不禁流連而嘆慕之曰吾師
乎吾師乎自生民以來蓋未有盛于此者矣凡天之有所獨厚于一
聖者恒不欲驟出其靈異以畀之故往往先生數聖人于前而令其

丁科墨卷選　人之　李　二

上御拔用將二句否此二句謂切題

出類而令其拔萃遷之又久而乃舉羣聖之所各擅者畢集于此一聖之身而直令其度越百代也道德文章遂以開生民之未有而獨成其盛且天之有所獨厚于一聖者又必預以千百載之運會屬之哉往往先生數聖人于前或令其出類拔萃而為帝或令其出類拔萃而為王相去已遠而乃舉羣聖之所遞傳者悉付于此一聖之躬而直使之憂絕寰區也贊修刪定遂以開生民所未有而莫並其盛由是觀之自其類者而言則聖之于民有相類者自其不類者而言則聖之于聖且有不相類者而況于民乎哉蓋有若之言如此此可以知孔子之異而我之所以願學也夫

評

此題浮辭觸筆即是。雖有能者亦未見其擺脫得盡也。讀此作令我心神俱爽。如此奇特要亦無他謬巧。不過一切字耳。文不切題者不可以謂之文也。亦不纏繞麟鳳山海方不似一節題

聖人之　李三

聖人之於民 至 未有盛於孔子也

卿墨 汪師韓

覩、凡類以見聖人之異而至聖乃尤有其獨盛矣、夫惟民亦有類、而出類拔萃者乃異也、豈知超於羣聖者獨孔子爲極盛乎、有若所以信其未有哉、嘗謂聖人之生首出庶物則論人而及聖人、凡皆非品彙匹儔之數所得而並其盛也、抑思極盛而無加者未嘗

渾〇資〇崇〇英〇行〇氣〇如〇虹

而衆庶出其異而且不必與羣聖從其同則以爲天之生是使獨

軒豁

焉而所從來遠矣、如凡物各有其類矣乃吾竊思至德之難以形

呈露

容而遠取近求將曠然而得諸俯仰高卑之際、因嘗思大成之不

翻身

容覽量而計功比德遂絕然而得之軼羣絕類之中而如以言乎

其類也則斯民之生久矣聖爲羣生之首人皆萬物之靈惟民生厚不得謂聖人獨豐而斯民獨嗇也況人得其秀而最靈聖特踐其形而惟肖在厥初生不得以後起之殊而疑資始之異也亦須也今夫開知覺之先而不必非什伯庸衆之所同者物爲類則爲偶也獨絕特之姿而又不必無埒勢齊量之殊致者物有類則有辨也夫然而由生民以來以觀羣聖凡其錯處倫類者於類之中而不類見焉於萃之中而不類益見焉蔚起於貞元之會何殊飛有鳳而走有麟挺生乎絕續之交不啻山至高而海至廣盛矣而安見其非希有者矣夫然而合生民以來之聖人而較其盛凡其

卓越人類者聖出於類誰則爲出聖之類者聖拔乎萃誰則爲拔聖之萃者昭緒業於常存而上下同流不僅標麟鳳之德闡文明於閟潛而高深合德豈徒稱山海之宗盛矣而豈獨無其僅有者從容接節矣蓋必高望於前而軒農羲燧之神明胥相繼以紹述貽謀於後而虞夏商周之彝訓且並類以章明其惟吾孔子乎孔子之盛爲何知而謂自生民以來有乎未有乎孔子亦同此受中於天而既超絕乎凡民亦復優入乎聖域也故振首出之風大都以君道而洙泗猶狀譽鄉能辨兼師道之任而彙千秋之統獨然以述者而集作者之成孔子何嘗不以類相聚而不覩凡民不知聖人之異不覩羣聖不知至聖

祇光異也故協重華而亶重光聖聖相承惟弗以作觀若從其類
大纂修而垂删定心心相印且早以甚盛者宣其經一神則無方也
易則無體也造物靈淑之氣若獨縱焉而遂舉盛德大業表至旨
於言思擬議之餘天猶可爲也化不可爲也人世攀躋之境自此
繁采爭光品貝餘於文勇
窺焉而直從地闢天開定一尊於元會運世之表一盛至矣蔑以加
矣夫又何類萃之足云哉此有若之知聖而予之所以願學也
切理厭心彪蔚以文其響　主考張葯齋先生
原道骨峻筆吐星漢之華　主考王爾爵先生
構引衍之思符采相濟中規合矩峻於才鋒　本房曹曙山先生

聖人之於　一節　金之存

羣聖與民同而異、而尤見一聖之獨盛焉。蓋聖不離人、而人不皆聖、宜其同而異也、然以觀孔子而出類拔萃之中、留有並其盛者哉。孟子若曰、歷引宰我子貢、皆以明乎聖人之異、而未有以觀羣聖人之同。夫未有以得羣聖人之同、無以定一聖人之異、而未有以得羣聖人之異中有同、尤無以定一聖人之同中有異。此其說莫詳乎有若、而不止條陳麟鳳山海之分也。今夫凡民之生、羣萃州處矣、而獨有聖人焉、首出庶物、天下仰而尊之、或聚于一堂、或隔于異代、後先輝映、可不謂盛焉。然而以類之說求聖人、而聖人有從異者、亦有

（他二人、無非、分悅）

（帶出、盛、字。）

欲同者何也聖人雖神靈天授度不能昇乎耳目心思以自超于形之外故同此見聞同此行習稱之以聖而仍曰之以人蓋聖不離人也此類之說也然聖人亦形生神發而獨能復性踐形以自樹于人倫之表故同此見聞而可以窮神同此行習而可以達化統之以人（二句用關帶）而必尊之以聖蓋人不皆聖也此出類之說也出乎類必拔乎萃此亦如麒麟鳳凰泰山河海不離飛者走者流者峙者而必以為羽毛之長嶽瀆之宗朝宗會同之極（又擒縱字）衍繁盛衰蕃有千古後有萬世以出類拔萃稱之而亦可無憾于聖人矣（提定上文斬乃切）乃獨觀我孔子則又不盡然先孔子而聖者非孔子無以明後孔子而聖者非孔子無以傳合千古

世之聖人而擬于一聖人是類則任之者重矣重則盛矣在上有聖人之治有孔子而治以神在下有聖人之風有孔子而風以化合億萬年之聖人而皆于一聖人是統則集之者大矣大則盛矣彼後之擬孔子者以為威鳳祥麟尊孔子者以為登山觀海豈知聖人中有孔子直如天之無不幬也如地之無不載也雖甚盛德蔑以加矣蓋生民以來未有孔子則且無類與萃之可言矣又何出之拔之之足云夫有若之知聖如此是宰我之言堯舜亦一類也子貢之言百王亦一類也其為出類拔萃同一聖人而已曾有與孔子同其盛者哉自古聖人莫不皆然所況于夷尹二子也此則吾之所願學也

筆法跌宕波瀾獨老。喜其陳言獨少。孔子非可以言語贊莫待盡觀太史公孔子世家贊只致嚮往低徊之意即聖門諸賢如宰我子貢有若其稱述聖人處皆用比擬形容後世時文家偏欲以廓落齊同之辭誇張揚厲匪但不切題面已佛頭著糞其過不更大即此文獨有機法其疏末二句即從上文做出令我忽然眼開

房評亦一氣揮灑而題之前後自然融洽可謂知言矣

聖人之　命

聖人之於　孔子也　范允鈉

即凡聖以知羣聖而即羣聖以知一聖焉夫聖人于民類矣而聖與聖則尤類然而孔子之盛猶之羣聖之異于凡民也世豈有如孔子之出焉拔焉者哉且吾願學孔子而子欲舉夷尹而班之是從乎類之說也而子又問其所以異是不從乎類之說也乃觀昔賢之知聖亦同于子之所謂班而且混聖凡于一致亦同于子之所謂異而并不敢齊今古于一撥則有若之辨類者可述焉以為萬物之性人為貴生民以來聖為盛聖人即凡民中之麟鳳山海也若比類而相觀物固有之人亦宜無不類者雖然天下之不足繫有無之類者何論

哉元民常有而聖人不常有不然而圖一勝星書不勝出矣聖人間有而聖人不多有不然則百里一賢千里一聖矣試觀類聚而羣分者碌碌焉未之有全羣萃而州處者紛紛焉不可勝窮而唯聖人為能首出乎其上振拔乎其中美矣盛矣其蔑以加于此矣蓋自生民以來未有如聖人之盛者也然吾以為聖與聖猶有辨令夫至德之隆帝王一軌是亦聖人之類也得入乎其類者難矣而誰則出乎聖人之類者貞元之會先後遞興是亦聖人之萃也得游乎其萃者幸矣而誰則拔乎聖人之萃者情也其猶未見我孔子也自有孔子而天下殆無聖人何也以孔子為絕也知前乎孔子者之未嘗有孔子

盛字頓挫

此從孔子指定聖人妙

而後乎孔子者之將不復有孔子則知孔子之盛非類之所得而拘自有孔子而天下始有聖人何也以孔子為統也知聖人之間世而一生而孔子則曠古而一有則知孔子之盛乃充類以至于盡蹤神聖之身有時俯同乎萬物乃其出焉拔焉者唯不矜其盛而天下莫之與爭也即儕偕之詣有時兼綜乎百代乃其出焉拔焉者唯能集其盛而天下莫之與勝也故謂自聖人以來未有如孔子之盛也可即謂生民以來未有盛于孔子也可蓋凡民之視聖人猶之聖人之視孔子有孔子而羣聖皆退處于凡民之列而已而究其所以盛者于麟吾知其為瑞于鳳吾知其為靈于山海吾知其為高且深而孔

子之盛、則不可得而知、夫惟其盛為生民所未有、故其盛為生民所未知、二三子亦第切景仰之思、而毋域于類之說焉、斯可矣、

原評稱其妙能避熟、番于周處、可謂知言○一氣圍結、親切不浮、洵此題之傑構也、

首○聖人之於　子也　高其偉

類而不關于類，至聖之盛于羣聖者，可思也。夫聖人同類于生民而出類拔萃者也，孔子之盛于羣聖者獨異焉，此孔子所以為生民未有也乎。且維皇降衷以來，亦何有異同之分哉。乃質性不無厚薄之殊，而品詣遂有偏全之異，則聖與凡分者固不獨一聖為盛矣。顧各造其極于異中之同，而獨集其成者同中之異，為進觀洙泗之高風，而其所以表異于民者，固有邁群聖而獨隆者焉。則吾曠觀于物而

敏、捷、

思聖人之于民，同此耳目，而聖人之聰必有異于凡眾者，究不能舍衆之耳目而別用其聰明，則聖人之所以用其耳目者，不可謂非

康熙庚辰會試

類也顧此心思而聖人之哲謀必有異僕伍者終不能舍民之心
思而獨抒也其謀則聖人之所以抒其心思者又未始非類也雖然
猶是類也而聖人之出于其類者則有異也且猶是類也而聖人之（數撓）
（詳人所器獨見參撫）
拔乎其萃者抑又異也蓋物之私聖人也每勝乎凡民故聖少而民
眾亦其數也惟一人而統貫乎億萬之倫以贊化育之不逮則眾者（分曉）
必慮于不足而少者常見其有餘夫有餘之特出于不足也古之聖
人盡如是矣天心之愛凡庸也每不如其愛聖人故垂智而輕愚亦
其情也惟一人而實秉乎創垂之統以繹斯人之制作則愚者不得
不退而處後智者不得不進而秉先夫先者之特拔于後起也古之

聖人概如是矣且天之生聖人也其意亦良深矣帝王御相感數百（句集虎吟來儀）
年而始得一神靈天亶之人尚質尚忠閱數十代而遞操夫創制顯（有始有終）
庸之柄其閒識可相衡力可相敵莫不盡其亶聰作哲之奇神化無
方之智作覩于萬物而參並于兩間安在中天廣運之君緝熙競
之主尚為後人之可擬及肯哉而要未可以比吾孔子也蓋其參贊
裁成自可為天地施其補撥而仕止久速默符于化育者自神贊修
（原評　幹體傳大言力鉅千鈞）
作述此可為今古統其文明而急食急變有助于斯民者不少誰謂
（識字獨見精當）
東魯之儒修止同于虞夏商周之烈在哉轍環終老徧歷乎七十二
君之旋而富教之經綸自可以匹夫所參帝王之烈筆削成書特握

[illegible]歷科小題　孟子

本朝德科罪以商　孟子

乎二百四十年之柄而命德與討罪不易以神聖而當知罪之識誰謂時中之獨量僅符于質文忠敬之嬗也哉蓋自生民以來未有盛于孔子也有若之言如此而願學之衷又何能已乎

不以尋常詞語演過獨出英思風力卓犖落想清超不屑寄人籬下耳目為之一新　本房原評

循題步伐獨饒精切刀斗森嚴程不識之軍容也

聖人之於民亦類也 啟禎文 章世純

人之有聖者固以其類貴矣夫物類中莫不有其至者人于何
不能此聖人所以稱也且造物之生不為一槩苟所生之類而即
齊娶等質不期多也則造物固亦滯而無變者耳故參差之產陰
陽所以示神奇也而皆在其類也向以為不得民也物亦有之則
麒麟等之于物類中是也今亦以為不獨物也人亦有之則聖人
之于民類中是也自其存諸身者言之耳擅天下之聰明擅天下
之明哉不與天下以可則之端矣于是乎世共駭之駭之則非以
其本異固以其本同也夫非與民共是耳目者哉負其加諸世

起本題、截清上文

從上豈惟二字披出亦

字

明辨

者言之文足以為物先德足以立人極幾不與天下以可至之階矣于是乎世甚駭之駭之則非以其全異也固以其全同也夫非與民共之運動也乎哉唯其與民同是耳目也同是運動也而後聖人得以其聰明特聞以其道德特聞是不類從類而後有其稱聖人于是乎為天下所尊也惟其與民異聰明也與民異道德也而後天下推之同此耳目與吾同此其運動與吾同是類又固不類而後有其說聖人于是乎為天下所援也蓋至是而天下始有為說者矣同彼之異我則我之異彼彼異此異相與為類則與彼無以異於夫使天下求端於論其同也其不同不反明也

故凡民之有功于聖也為其以地形之聖人有功于凡民也為此
以類任之○
然則一人之標月取其岸萬世不竭殆非寓言○不類從類而
後有其稱類因不類而後有其說引而伸之則兩句敷為一章
約以貫之則一章刪成兩句 汪武曹
極淺近意斲出如此靈變轉悵向郭無筆○兩句敷為一章一
章刪成兩句用成語恰過七二作者意匠如此題販亦為不減古
人○

聖人之於　子也　　　張燧

合類不類以觀聖，而聖之尤異者見矣。夫人之有類，無異於物之有類，而出類拔萃壽異矣。然其中曾有盛於孔子者哉？有若之知聖又如此，孟子引之若曰：古今一羣分類聚之天下也。夫天之生民久矣，而天之生聖人也不數。天生聖人不數，而天之生至聖也尤不數。知聖者所為參互錯綜以暢其意之浙欲言，而知上自千古無二人也。如有〻之發端於民，而曠觀羣類也，意蓋為我孔子也。然不遽言孔〻，而究觀生民以來之聖人。一夫民之中而有聖人，說者謂民與民類，聖與聖類，有未可舉而強同者。不知以類而言，物有類，人亦有類，聖人

露脉清真迥非充調

亦冬也天生聖人豈自為一類哉即聖人之自處又豈自為一類哉
故同此耳目而聖人不能斥耳目以爭奇同此貌言而聖人不能離
貌言以自異此固自生民以來欲分之而無可分者以聖視民類乎
不類乎然而聖人異矣性與人同而盡性者何人形與人同而踐形
（折落處崎然拔俗）
者何人吾不謂其非類也然已出於其類矣羣然並生而何以推之
為首出混然雜處而何以奉之為神明吾不謂其非類即不謂其非
萃也然已拔乎其萃矣絕迹而登軼羣而處生民以來凡為聖人莫
（鉤奪有致）
不如此噫嶽矣麟鳳山海之觀其在此矣而要未若我孔子止夫天
之生民惟賴數聖人維持其氣運敎帝德王功類能稱賦于數千載

之閒而一自有孔子則以布衣而綜聖君賢相之成覺孔子雖同在出類拔萃之中而卒無一人焉得進而泰以頡頏之說有不焉無稱而已矣抑天之生民惟賴數聖人流傳其統緒故見知聞知皆得稱盛於五百年之內而一自有孔子則以刪述而垂禮樂詩書之澤覺孔子已超然于出類拔萃之外而斷無一人焉得起而泰以擬議之詞有迥然自遠不已矣聖人雖類乎民而民自不得與聖人相偶孔子曰同焉稱聖而聖自不得與孔子齊軀則甚矣有若之善於言孔子也非其智足以知聖哉

寫來二句不累墜亦不浮泛

清姿矯矯無鬧華浪墨犯其華端　陳立遠

聖人之於 孔子也 張成遇

學至聖者、知凡聖不可以擬之焉。夫人知有出類之聖人、而未知有超出乎聖人之聖、有生民未有之孔子、而得不切願學之思乎。述有若意曰、予亦幸游孔子之門而得知我孔子也。予雖幸遊孔子之門而究不能測我孔子也。（擬孔子側起）予不能測我孔子、予則已能測乎古來凡有之聖人也。何以能測乎古來凡有之聖人、予以天下之民知之也。天下之民可測也。則天下之聖可測也。獨有生民以來之孔子不可測也。夫天下之聖、則亦同一天下之民之類而已矣。彼其類之不異于（不必纏遶上文）麒麟走獸、鳳凰飛鳥、泰山丘垤、河海行潦、類也。安見聖人之不類于民也亦安見孔子之不類乎聖也今夫孔子者若將以聖之類類之乎則將以凡民之類聖者而并類之乎凡民雖可以類聖凡民抑且不可以類聖至有出于其類者而將不謂之拔萃乎拔萃矣雖類而已若不類上天固代產其資而使後之志古者曰是固有聖人出焉厥有歷年又有聖人出焉則人同其代之聖人獨盛焉予亦幸生民以來之多聖人也而吾獨不知前古而後今所以蓄造物之氣者不知其幾何年而乃特鍾于一時以顯其天縱之盛且不知聖作而明述所以稱間出之奇者于今其幾何人而乃獨聚于春秋以成一大成之聖盛矣哉吾師乎吾師乎間有如孔子者乎天不生孔子則生

此處尚不清暢從傳寫有脫誤

映落唯人轉入孔子烟波渺然

長句亦虓上古文

精。點。得無浮辭

民以來必不得一極至者以為宗上世之聖人雖云超出焉安得令者之揭日月而照中天也天既生孔子則生民以來莫不望一時中者以為歸萬古之聖人成將則傚焉夫誰非務山之仰高小而切景行也問生民以來盛有如孔子者乎未有也未有也天地之感積而盈盛至孔子積之極而光乃大也天生之聖難為兩盛如孔子惟有一以覺萬世也而謂可以聖之類類之乎不可以聖之類類孔子而況凡民乎吾師乎吾師乎有若之知聖則又有如此者乎

題中本自具有波瀾他人為浮辭擾擾筆底擺脫不開遂坐窠此君獨得耳

十科墨卷選

第三十一冊　卷九十一

聖人之於民　孔子也　　陳鷁薦

聖之中有獨盛焉、類不類非所論也、葢生民以來、類不類盡之矣、獨至孔子將類之說窮不類之說亦窮故曰盛也、從來天之生人有聖有非聖人之爲聖亦有盛有未盛天生孔子夫豈偶然是故論孔子者類之說不可不盡不盡則將類聖于人而止抑不類之說不可不稽不精則又將類聖于聖而止且夫類之說亦烏足以知我孔子哉知以類則所爲麟鳳山海之說吾猶以爲不善言類者今夫自生民以來未有盛于聖者也、又自生聖以來未有離于人者也誰則無形骸去而耳目口體、可以爲形誰、無性苟去而仁義禮智則

不可以爲性是故以類而聚以華而處固有之人亦宜然是故等
市人事亦
匹于民類民于聖理有固然事無足怪充類之盡勢必至于此也
出類拔類者亦
類之說盡而後不類之說可明物之類不如民民之類不如聖今試
問天下之大古今之遠生民以來有能秉萬物之靈極萬民之秀踐
頌奏
乎其形盡乎其性置身羣萃州處之中而卓然獨異者幾人乎則聖
鉅前身
盛字擬若出類
人之于民不類乎不類之說明而不類之說可精物與物不相類
推之民當後然民與民不相類此聖當復然今試問天下之大古
今之遠生民以來有能踐乎其形盡乎其性集乎羣聖人之成獨為
一聖人之大置身絕類離倫之中而超然自遠者幾人乎則聖人之

傳上二意補剔孔子

千聖不類乎聖不類之說明而後知孔子固可與群聖人後先比盛也以其為出類拔萃之聖人也不類之說精而後知孔子固不嘗與群聖人後先比盛也以其為聖人中之出類拔萃者也是故自有生民以來以迄于今群聖人之德政禮樂可攷而知也我孔子之德業文章可覩而矣也設使生于一堂為之自相衡論聖人之于民類乎不類乎聖人之于聖類乎不類乎孰盛孰未盛必有辨之者

類之說不可不盡不類之說不可不精只此子義騰挪撒翻全題在握曲摺盡變

聖人之於民　孔子也

乾隆壬子浙江趙劍
十一名

類聖于民而聖見類聖于聖而至聖蓋彰至蓋凡聖異于民孔子更異于聖其盛何如有若之知聖如此意曰聖之異乎人者每從（入手便超）同處見聖之異乎聖者則更從異處見蓋不觀其同則混不觀其（提出孔子以落為妙）異則又混聖人之真不出至聖之真愈不出也我知之矣知吾師（起意境甚新）孔子不猶獸中麒麟鳥中鳳凰山中泰山水中河海哉孔子哉盛矣雖然以麒麟鳳凰泰山河海況猶未見盛蓋嘗觀聖人之于民（緊）矣圍于形氣以相比則聖人猶是編氓泥于各足以相倫則聖人（警超）亦同惑賤其不類類也其類仍不類也蓋民為類而聖人則出乎

其類。氏有類因有萃聖人則拔乎其萃然則聖人盛矣猶未若孔
快極陡極
子之盛也人于無可短長中約其概而名之曰類之者庶詞也庸
空際看出之類
庸者其等夷奚啻千萬輩有一超乎尋常者則迥然出矣然有一
卓行入孔子尤盛然只用虛筆盤攖更不實寫一筆更高更妙
超乎尋常者則類之藩破更有一超乎尋常者則類之勢復成此
超
亦出類彼亦出類又相與類誰欲出類中復出類者惟孔子之獨
超羣聖者為然人于無可許與中因其類而目之曰萃萃者綜詞
也碌碌者其相與無足觀有一邁乎流俗者則振焉拔矣然有一
邁乎流俗者則萃之局我執而處其外更有一邁乎流俗者則萃
之範我仍入而圍其中此亦拔萃彼亦拔萃又相與萃誰欲拔萃

巾頁歟萃者惟孔子之超越衆聖者有然以為生民未有云從前（古意）

（剔自字）而溯之曰自歷千年以來聖而帝者幾何聖而王者幾何類甚衆

萃甚多懸擬一孔子其庶幾乎范范未有也東山之姓氏作闕而

（雅屬）（字字清剔有味）

震驚不徒同堂之仰止由後而追之曰來溯自今以上生而聖者

幾何勉而聖者幾何不一類不一萃想像一孔子其或見乎悠悠

有也泗水之盛名贊美于莫罄豈徒一世之觀型是故聖人之

望孔子一若彼處其十我第等一以相償不勝多寡之懸殊亦猶

民之望羣聖人也而孔子之于聖人一若占其全被第得半而

（打轉著句）

未聞不勝上下之迥別亦猶聖人之于民也有若之知聖如此吾

鄉

卿

之願學蓋切矣

将題中逐字鏤刻吐棄凡庸獨標新雋中二偶尤思精筆雄超

軼絶塵鮑蕃宜

主人之

趙

聖人之於　孔子也　　趙鴻猷

處乎類而不囿于類者、推至聖為獨盛矣、蓋不出其類、終為民焉耳、而不極其盛、則亦同為聖焉耳、然則生民以來、能不稱孔子為獨盛也哉、想孟子意謂吾言孔子而子疑伯夷伊尹以為問也、推子之意、必謂孔子之與夷尹亦猶是聖人耳、夫何以異哉、而不知就其同者而言之、微特孔子無異于群聖、即群聖亦無異于凡民也、而就其異者而言之、微特群聖有異于凡民、而孔子尤有異于群聖也、不觀之有若之言乎、有若曰予也、游孔子之門、亦既有年、而豈猶不足以知孔子哉、然予竊有慨于世之稱孔子者、不得其極盛之實而止以涯

庚辰人式

只以未二句翻入　妙得機勢

稱之若曰是固其異于凡民者云爾嗚呼若第與凡民較異也豈惟孔子即凡為聖人者亦何必不然哉故其始也同此耳目也同此心思也聖人不必爭凡民不必讓亦類也而聖人之于民安能以遠異乎及其繼也同此耳目而惟聖人為能踐之也同此心思而惟聖人為能盡之也聖不必自矜其獨至民自相推為難幾出于其類以拔乎其萃矣而民之于聖人又安能以終同乎躍乎盛矣而惟其聖之尤盛者殆莫如孔子蓋大造之生聖人也固不同于生凡民而大造之生孔子也尤不同于生羣聖故聖人各具其知而天特縱孔子以生知焉聖人各具其能而天特縱孔子以安行焉繼上帝賦畀之

詣亦若有意特鍾而予之以卓絶于古之姿抑聖人之自修也固不
同于凡民而孔子之自修也尤不同于羣聖故聖人各有致知之功
而孔子則獨知之至焉聖人各有力行之學而孔子則獨行之盡焉
詣躬修自治之餘亦若爲自期許而進之于絶粹以精之域然則生
道得題神不鑿統續臼以游更高
民以來聖人亦代作矣其孰有盛于孔子者哉是則孔子者直居聖
例桙用筆真不測
人之類萃而出之極之矣爲聖人者且不敢與較而民則何敢曰孔
子之于我亦類也哉意至此而孔子之異愈可信矣彼夷尹者豈能
駕生民以來之聖人而上之耶而予顧以爲若是班乎
乎將恒區乃得此靈異之境快絶若再能去其耳目心思殘形

本科墨卷選

盡性生知安行等熟爛語則成全窠臼

聖人之　道

聖人之於　其類

廣東鄧宗師月課　河源二名　葉時壯

類聖人於凡民、惟出類者為足貴也、蓋等之以類、則合聖凡與槩其中矣、彼出其類者、非聖之所以為聖乎、嘗思造化生人、亦紛然其不齊矣、使必欲槩而同之、其何所辨於秉姿英異者乎、抑知宇宙神奇不顯示其特鍾一人之意、至人挺出自不囿於尋常儕伍之中、蓋論其生初雖不類、而實類也、推其究竟、雖頗而實不類也、是故吾欲驗人於物、則麟鳳山海、皆可暢吾類之說也、而由物及人、則聖人凡民要不外乎類之歸也、夫以聖人之間世一出、莫不震而驚之、震其首者初非震其類也、惟皇降衷以來、秖此氣之各給者、以運於不窮

崇隆不羣

題位自清

出類語

原評推丁又句知清翼佐

文令

分類集腋　正誼　識

論類最暢

北直　劉撤

類○至○真○證

宇家無不全之形體豈有別賦之形神乎凡在覆載之內共安

原○評○句○中○有○眼○　約○出○字○其○類○字○

日用之常測等至殊者而並論非強也類也以聖人之着出庶物莫

以說○有○然○

不推而異之然異其品者亦非異其類也賦畀維均而後惟此理之

純粹者以語於各氏智愚同此懿德之秉彝神靈詎多特厚之成性

乎凡在有覺之倫不外同然之理則聖懸絕者以齊觀非矯也類也

說○上○作○開○

將毋即其類而人為自超聖人固不自外於類之中然即其類而功

落○題○作○合○

殊日隆聖人亦豈絲圍於類之內一分夫貌言視聽同具之官骸類矣

乃貌何其無不恭也言何其無不從也而且視聽何其無不明與聰

以○從○類○字○申○者○出○不○類○來○出○字○了○小　煩○言○而○畢○

也然以天所與我之形而克踐無忝是蛛於尋常之範圍遂莫不需

而斷之曰是殆間世一出者乎而同生於秉彝之倫固數近[illegible]之異哉
矣仁義禮智同然之性體類矣而仁何其無不愛也義何其無不宜
也而且禮智何其無不敬與別也乘此既稟綜善之旨而克[illegible]
以遠於衆人之積習遂莫不推而異之曰是殆首出庶物者乎而亦
知血氣之衆即欲比附而何從矣盖事以相因而易見亦以互徵
倍真向使聖凡有生之始早已不齊則彼此各秉無俟乎以相類之
各性是聖凡秉受之餘始分等量則幾希有動辨不明其出類之實
惟其出類是以拔萃而聖遂異於民也進觀夫子不尤異乎

錬意修詞殊圓王闓　原評

分類懸隅　評　丙歲　聖人言

截格自老而詞語簡潔○雅致迎人○無意求工○分外見巧○是知作文

自有出人頭地處○不在驚才使氣也

聖人之於民

魯鐸

由物而推夫民聖人可與民並論矣夫人而曰聖則固大遠於民矣然由物而進推之何不可並舉以論哉且吾前言皆古聖人而又謂其不可班也則聖之於聖且不容參以準矣矧其每下愈況乎然未俾別曰之見而先為大畧之覌則古之人已有言之者曰不惟民也亦豈惟麟鳳山海之於飛走流峙哉物以狎而生阮華尾茨草一編氓因析之微土壤細流一衣麻卑庸之衆即其成於（是ㄋ進ㄋ而ㄋ相ㄋ及ㄋ之ㄋ意）所比者而恍示我以民之為民焉物以異而見珍覌靈編之姿至啻待奇之閒出望高深之境不啻卓遠之無倫即其紀於所尊者

而慨示我以民之有聖焉同是人而曰聖無論帝而聖王而聖師與相而聖而要不得謂之民也則神化之階亦既獨行而無偶而莅之大塊孰敢遍處而爭之別乎聖而之民無論愚而民頑而民智與秀而民而總不得謂之聖也則飲食之質雖使混然以處中而落落孤踪宰必降心而下之雖然吾既由民而博徵於物亦易以由物而比論於民必斤斤焉謂卑無高論者其民之同羣乎則欲為民对等而參觀計惟民之於民也哉然第以民論民何異執一羽也而盡友羣之屬指一邱垤而窮高下之形也夫燥濕剛柔亦性天之共稟矣則繼於民於聖而為援為繫豈遂殼於非分之

（南□□□□山雲）

（即借上文作翻）

求必詁詁焉謂崒崒無上者其聖之紛紛指乎則欲與聖勦絶長而較大計惟聖之於聖也哉衆蒭以聖論聖何異攬巢遊之瑞而不及其餘搜河嶽之奇而不辭其細也夫高卑靈蠢亦材質之各成矣則纖瀸聖於民而孰屈孰伸埒竟等諸不倫之儗故分而著之聖耳則聰明之獨豐民則知識之皆忽祇此俯仰之交而境地相懸儼然進窮褻而幾於無算此亦天之無可如何也而統而核之聖非必不負其奇民非必不依於倫第即形色之近近錯綜並峰一為

（天按二字神氣欲活）

言臭味而畧其差池此亦人人之所不能也無他類也亦猶麟鳳山海之於飛走流峙也雖然苟言類則聖於民類矣苟言不類則

聖於聖亦不類矣不窮吾類之說。烏知我孔子之異哉。

分看合看宕得之於一一字神情出華華以故自矯矯不羣

聖人之於　其萃

河南　閻錫爵

聖亦猶夫人也以盡夫人者過人焉夫聖人寧必異人則類之也固而人既已為聖則出之也更宜類于是出則萃于是拔聖人大抵如此孟子述有若尊孔子曰聖人之實或未必同而聖人之名莫不（眼光直注孔子）稱異然卒未聞離人而專以聖名者以是知有生之始固未嘗不可（一氣旋折是有奔赴）合視之而其後乃相分之遠也于是遂卓然于天地之間而共目為（出題尤捷）非常而不可幾吾言民而博觀天物請即民之說以進及夫聖之說夫人之以民稱者為其不能（明白了當　先輩亦時時或顯）聖人耳夫不知人之以聖稱者要亦未始非人耳今試執民而語之曰爾與聖同世必疑之即其人自思（筆指如環）焉亦將疑之斯亦常情之所必至也吾謂如斯而天下不復有聖人

矣又試即聖而語之曰爾與民共聖必不樂即問諸知聖者焉亦必

不樂斯若不足取信于人也吾謂如斯而天下乃以見聖人矣何則

（愈淺愈合）（文心靈快揮灑自如）

聖人中之聖也人未及生之為民之能及人則為聖然則類豈惟

（亦字傳神）（隨筆出之精何等靈快）

物為然哉夫固聖與民亦奚能外焉者也然而執類以論則又不可

蓋其初固無此豈彼齒之數而其終不無有餘不足之觀故猶是類

（主桂亦璀）

也有得乎其天而出者焉與人同其知能而生安者夫豈中庸以下

（照映孔子）

之才所可企即此生安中或亦不無偏全而其視斯民之與世浮沉

（兩句一氣說下游行無滯）

什伯也超然于天下之外斯卓爾于天下之上矣有成乎其人而

出焉與人同其形性之戕賊者必非不知有為之人所可擬即此

戕賊中或亦多所異同而其較斯民之所且自安者遠甚也予然

爲物之外遂逈然于萬物之中矣其類也所以能出乎其類其出

也所以能拔乎其萃也而豈民之所可同類而道哉然聖能出民之

類（契孔子老盛意）而以聖視聖則猶未出也聖能拔民之萃而以聖較聖則猶未拔

也不有孔子何以立聖人之極軌乎

前幅就聖人與民兩々較量見其同中之異後幅就聖人與聖人

隱々差別見其異中之異篇細開句々無閒寧靈圓高脫如挹西

山朝爽此文之不欲以詞々聲光度求時流共允推先輩典型哩

掌真沐

聖人

閻

聖人之於天道也　　儲欣

唯聖人為能備道亦有未可概論者矣夫道原于天而備之者聖人也然猶不可槩而例之也何為者耶且道在天下苟原其所自來固天下之公也為思其所稟備則非天下之公而聖人之私矣道私于聖人顧私之中抑又有私焉其彼此不齊之致雖欲截然出于一而不可得也仁義禮智不謂之天道可乎（當從人倫出天道）天無不愛之人而棄天者弗思也昧昧者所在多有耳有又焉知之而極其精此天道之所函細（切聖人）待也天無或遺之人而執天者弗領也悠悠者舉世類然耳有人焉行之而遵其極此天道之所尊相屬也聖人也人非遽聖一視夫天

本朝房行書歸雅集　論語　康熙庚午

道之歸道固本天一資于聖人之力其交相維繫豈頓間哉蓋嘗觀（之于二字出）

于道之明晦而知天下不可無聖人也天有顯道其初不免于屯蒙（頂知之）（如易經三聖）

得開天之聖人而道始炳然著耳聖人繼而道復晦聖人作而道又（遞承命字對之于二字空際）

明誠以聖人之深知之也獨是上下千古有生而知之之聖人又不

盡生而知之之聖人知即同歸而功分勞逸一逸一勞而聖人之于（如損神味絕好）

天道固已不齊矣鄉嘗觀于道之通塞而知天下不可無聖人也天（頂行之）

有當道其窕必俟夫經綸遇然天之聖人而道乃沛然達耳聖人既（如禹湯文武之撥亂為治）

往不一二傳而道仍塞聖人有作越數百年而道復通誠以聖人之

致行之也獨是從容裁籍有自然而行之聖人又非止自然而行之

聖人行則同符而事歧安勉一安一勉而聖人之于天道又甚不齊（汪批：前從天道說起，此從聖人說起）矣猶未也聖人而在上者鴻業休德其為功于天道非小補矣哉（說命孝神來氣來非常生動）出百年之後見其禮聞其樂欣然有升降之感焉優與未優一若聖人亦無如之何以聽後人之擬議也則何也猶未也聖人而在下者流風遺敎其有裨于天道蓋不磨矣其出百世之師原其始要其終（中非兩力更細密妙勁）然有偏全之別焉至與未至一若聖人亦無容致力以任後人之缺釋也則何也豈非命寔使然哉然有性焉而諉之謂命者是亦與于棄天褻天之甚者矣

聖人之于天道有盡有不盡如堯舜性之湯武身之之類今人欲

賦氣稟不齊渾圇動俱皆在內不知中庸所云乃人與人之分而非聖與聖之別今竟謂成人之于天道也只是題矣作者體認極其精細後從見其禮節及值處臨節兩處翻出議論眼前妙証却憂愁匪衆人思慮所及吳樹小

語氣不能合暗對清任和之聖各得一偏意純亦不已暗對入聖參優一間求達意得其偏是亦所禀之獨也有未優而遂已是亦所禀之薄也獨則有弗盡知薄則有非盡行然都是在聖人中比並吳批最分曉文氣妥和入後尤有神

聖人之　備

聖人之憂 己憂 清儀閣集 吳榮庚

且聖人憂民之心亦何所不至哉合數代之天子為一代之天子裒其治萃一時之君臣為百世之君臣任其勞非過慮也民之憂可已聖人之憂不可已即聖人之憂可已而聖人憂之之心非得其人以共憂而其憂仍不可已君若相制治保邦之意胥寄之憂勤惕厲中焉洪水既平而教養如此此豈好為其難哉而不知聖人所引為己憂者誠如此其切也如此其急也要莫非為民也而何暇焉前古未歷之艱難而聖人遭其逢如此而憂懷裹如此而憂阽飢如此而憂不親不避草野之身家獲遂而廟堂之神智幾窮蓋當年共歷諸艱其區畫周詳而何暇與編氓同作息後聖難

處之事勢而聖人啟其新如此而憂水火如此而憂土穀如此而憂五品五教億兆之性命既安而君相之心思已憊迄於今徧稽前事其經營締造而何暇與野老共胼胝憂民如此耕云乎哉且夫大人之勞心不徒勞心於安民也抑且勞心於知人環顧斯世斯民之故恆默默其相通已不任而憂固深已獨任而憂更切天時人事紛至宛轉於若結之胸而憂與憂環相生亦聖與聖遞相受觀曠一命再命之才多屬庸庸無足述惟得其人而憂可分不得其人而憂誰訪擇相命官要莫已其旁求之念而輔聖者聖以禪聖亦分憂者憂以繼憂蓋嘗思於堯不得舜舜不得禹臯陶而知其所憂之大也此非終以為憂也堯憂而付之舜故堯典必繫於虞書舜憂而付之禹臯陶故陳謨必稱乎稽古黼座遲回審顧獨恐

敷治之無人而他務未遑仰若臣而憂結矣夫山居谷處當世豈乏賢能而帝座之思存要非儒流所及識洪荒初闢而敷政端藉良材吁咈嗟咨猶能曲傳其鄭重之聽明目猶可想見其精神而回憶當年明良喜起之一賡歌豈忘交儆哉亦非別無所憂也考言詢事在所先堯以得舜而憂釋治水明刑權其急舜以得禹皋陶而吾憂寬廟堂遠慮深謀獨懼天工之未亮而他端不擾顧若臣而憂深矣夫行舉言揚當時非無賡與而深宮之擘畫要豈淺見所及知大難初平而任使正需良佐台鼎引嫌自避斯事事須宸衷官寮爾位未共斷兢兢為臣罪而遐思當日平地成天之事業矣可驗期哉

第三十一冊　卷九十一

聖人之憂民如此

雋快集　俞大文

憂有專屬於民者而聖心可想矣夫聖人固以民為心者也憂所當憂而聖人之於民不共見其如此乎且千古小民之心繫乎千古聖人之心也而尤繫乎千古聖人之憂際可憂之時而憂在一聖人則憂之所至者偏際可憂之時而憂在衆聖人則憂之所周者大民物同胞後先一揆此其軫念元元之隱夫固可為天下告焉不然洪水未平堯既獨憂而何以舜禹以及稷契其勞心亦必如此哉是非特堯不能自釋其憂也即舜之敷治亦不得不如此也益之掌火亦不得不如此也孰非憂從中來者而顧可以不如此是非特禹不能自弛其憂也即稷之教

稼亦不可不如此也契之明倫亦不可不如此也孰非憂自內出者而顧可以不如此如此而聖人之憂民專矣夫憂在一時者其憂顯憂在萬世者其憂隱聖人之憂固貫乎萬世者也害宜於除不如此而害以除也利宜於興不如此而利何以興也教宜於修不如此而教何以修也日夜焦勞之下堯舜之所憂即益禹之所憂益禹之所憂亦即稷契之所憂也而吾能想見其如此焉如此而聖人之憂民迫矣夫憂在一端者其憂小憂在萬事者其憂大聖人之憂固該乎萬事者也地貴乎平不如此而地何以平也農貴乎興不如此而農何以興也儒貴乎崇不如此而儒何以崇也洪水未定之時稷契之所憂先以益禹之所憂益禹之所憂亦先以堯舜之所憂也而吾可實指其

如此焉蓋在民也固深望其憂也深望其憂而黼座之精神適以隱符乎私願則憂之所屬者甚微也即有時宮廷鎮靜而類情通德聖心如接於閭閻而在聖也固自忘其憂也自忘其憂而深宮之劼毖罔非廑念夫輿情則憂之所關者更摯也即有時宵旰寬閒而警情矯輕民隱猶通乎夢寐於此而猶欲耕也暇乎不暇

筆氣英挺更有勘透語如懸河瀉水注而不竭

聖人有憂之使契　腴快集　陳紹明

憂之防逸居之失覺民詳所使之人焉夫堯舜憂民無教不以稷之教稼而釋也則繼稷而謀所使徽契其誰與歸且天以殷憂遺聖人即生數聖人以分其憂而養民者一聖覺民者又一聖繼養民而畀以覺民之任聖人之憂在淑世聖人之使必擇人而其人之克副所使者乃與聖人分厥憂焉此在民未有養之先急以使之不得也民既有養以後緩以使之不能也而所使之人民到於今稱之不然民之得逸居也由治水使禹掌火使益教稼使稷而有以收其效也民之逸居而無教也將亦如治水者之使禹掌火者之使益教稼者之使稷而恐無以責其成也聖人乃迫而為憂

矣九民之憂在日用聖人則獨廑遠圖萬邦作乂以還孰不樂安
爰處而憂正有大焉者胥溺在洪水患在一時胥溺在人心患在
千古也果何以偕負氣含和之衆而歸我蕩平九民之憂在身家
聖人則必謀終事海宇平成而後孰不視為全功而憂正有深焉
者民身無以養困在外境民心無以養困在中藏也果何以宰別
聲食味之羣而養予良弼蓋非契莫與使矣然而驟而使之即契
不為功也後世災祲告警有司視為故常而讀法懸書往往粉飾
太平謂簡畀特膺上選勿論使非其人也就令號令不愆君子譏
其太驟矣聖人不若是驟也昏墊未平之始禹可使而契不與焉
益可使而契不與焉稷可使而契不與焉豈必謂天經地義置為
後圖而憂未可以並營即契不得駕治水明農而上然而緩而使

之。即聖人亦難自治也。後世當庶告成。世主觀為止境。而民彝物
則。往往以優游暇日。謂儒術半屬迂疏。勿論終失所使也。就令事
後補苴。君子議其太緩矣。聖人不若是緩也。治化大成之日。人稱
禹而必及契焉。人稱益而必及契焉。人稱稷而必及契焉。夫亦謂
恒性降衷。斯人自具。而憂未堪以遽釋。即契可以效臣鄰襄贊之
班。故其後王迹肇開。爲三十世賢聖代興。而桓撥首推契德。知貽
謀有本。較之禹及身而王。稷十五傳而王。益雖未王而不失通侯
共卜原流之久遠。而其始宏謨能佐命。億萬姓佚居是慮。而簡拔
特紀契名。知錫命攸隆。較之禹可以錫疇。稷可以率育。益以昌言
而誕敷文德。共徵濬哲之知人。以司徒以敷教。聖人之憂益切矣。

第三十一冊 卷九十二

鼓方叔入於河

康熙庚戌　王　掞

以司鼓者而記所入、若有異于適國者焉、夫方叔同魯之司鼓者也、入河之舉、殆與適國者異其迹乎、且伶倫當散亡之餘而有去之心、不異諸人之心、（著眼在河字）去之迹若異諸人之迹者、雖不自一人終、而（拍住方叔）未始不自一人始也、蓋適彼樂郊、不敢總群賢而摸式而行綜言（四語恰是題位）邁、又將首衆侶而開先、叫豈真清漣是慕乎、亦其心有大不得已于斯者耳、如太師以下皆有所適矣、維時魯廷之上、宮懸無恙、而（先提鼓方叔二比）管部半虛、其尚有擊鼓淵淵者乎、曰有方叔在、斯時侑食也、際鼗列依然、而伶倫無幾、其猶有奏鼓簡簡者乎、曰有方叔在、吾意方

叔于此當輯其散失修其殘缺與一一同心優游于故土則六代

逆○翻○一○段○文○情○并○集

之聲容或不至淪亡殆盡也孰知方叔亦慨然起曰魯不可以久

折○入○下○句○

留矣而亦從此逝矣想太師諸人去魯時未始不向方叔而謀曰

從太師諸人○生出四段翻弄來

叔能從我遁乎與汝偕隱而方叔則曰否否齊有田氏猶之魯有

借○齊○翻○入○今○

三桓也去亂而適亂何以跋涉為是齊不可入一號天方橫楚未可

借○楚○翻○入○二十○

與爭而方城漢水間樂操南音非我同調也是楚不可入一況蔡為

小國文王之廟在焉我去元公之壤亦奚忍見先王之廟貌乎是

借○蔡○翻○入○字、、

秦亦不可入一且也秦秦西陲叩缶而歌呼嗚嗚者秦之聲也吾奚

借○秦○翻○入○字○

忍以諸夏之聲而奏于東澗駟鐵之俗乎是秦終不可入一矣瞻言

行適之方四顧托足之地而入河之計遂決焉噫自渭以入而舞

說亦魯樂非方叔所忍見隱衷

偷于家廟者河內不之見也歌雍于私室者河內不之聞也則有朱于玉帳而借用天子之禮樂者河內亦不之知也一凡前之目擊而心傷者至入河而理亂可以非計一前之感憤而含悲者至入河

又將鼓字河字兩讀發

而是非可以俱忘吁嗟乎河水洋洋殆與坎坎鼓聲相應于阻長之境已焉哉河水湯湯兮與填填伐鼓同淪乎寂寞之濱自是魯廷之上無方叔而河之中有方叔矣偷食之際無方叔而河之內有方叔矣君子以為留于魯而樂亡不若入于河而樂存也

深得史遷筆意

入字較避字更深一層避者猶是避地入則已避世矣篇中從

本朝小題文憲　下論

未入之先反根一番于將入之際借上文陪襯一番于既入之後又作悲弔一番無限低徊無限感慨如聽風蕭蕭兮易水寒令人欲同聲泣下也向日貞識

韙方叔

王

鼓方叔入　三段

福建東宗師歲考　泉州府學三名　王簡枝

誌諸伶之所入、遊愈深而迹愈杳矣、夫河漢與海、并非人國之可比也、自方叔諸人一入、而魯國宮懸、遂以付之逝水粵自我周之（嶽題卯不步浩德）初風化始于河洲德教行于漢廣而海濱遺老且先天下而來歸其運會之隆可謂盛哉卒之美人不作宗國凋殘一時之抱器而去者甚至淪胥以逋自甘頹落嗚呼何其衰也（音節蒼京）齊秦楚蔡猶人國也太師諸伶去此適彼或者寄迹人間尚不欲為入山之深入林之寥乎然而有其始之必有其繼之由是為避愈遠為迹愈杳曾廷之上虛無一人道阻且長宛在水沚叔何在〻河嗟哉方叔河

之清其可俟耶誰歟司鼓者而河上乎逍遥也武何在〻漢嗟哉
武也漢濟之疆上猶可問耶誰歟播鼗者而漢濱乎游泳也陽襄
何在〻海嗟哉陽襄中國無聖人尚見海不揚波否耶誰職少師
原評總熟入字束住前三段
誰掌擊磬者而賦同心于海島也甚矣其入之堅也吾見其入而
不見其出也想爾時波分九曲河水漣猗派別朝宗漢水蕩漾濤
出而豔非佳豔
奔雷電海水汩沒數子者徘徊偃息于其上而為之瀲流為之浣
可疵
耳見聞所及非復人間想爾時田〻鼓音與河同逝淵〻鼗鼓與
漢俏潛鎖〻磬聲與海俱緲數子者徜徉恣肆于其間而下臨無
興會淋漓
地上浒流光長潚劃然恍遊垓外有時興之所至則棹一孤舟而

曲徑通幽別有洞天　詩情濃淡

河可達之漢，漢可達之海。叔武陽襄不妨溯洄相向，邀明月而答清風，有待悲從中來，則行吟澤畔而入河者，不計漢中之有人；入漢者不顧海涯之有伴。叔武陽襄長此落寞，孤蹤侶魚蝦而友麋

天生妙對

鹿，山是遠跡龜蒙，覓繹而幸彼故人長謝，不能問我于水濱。四顧

原評到底秀振

楚蔡齊秦，而嘆彼異樂增悲，孰似水流之不競。此真所謂避愈遠逸愈杳者也。然而世道亦因以不振矣。

有魏晉聞人手筆。　馮梧鵬

從蕭疎為蒼鬱，樹將一新，篋中集永作不得專美於前。　馮泰巖

鼓方叔　王

鼓方叔入於河

乾隆壬申　李祖惠

伶有入於河者、所適并不在國矣、夫河非人國所在也、而方叔入之、則鼓之技、其何所試乎、昔吾夫子自衛反魯、而後樂正、想夫大河之間、鏗絃鐘鼓、零落者所在多有、而若瞶若消、其以樂自鳴於河之南北者、又不乏人也、乃不意吾子臨流不渡之鄉、亦即為魯伶抗志長往之地、則避世之蹤、較諸人而愈遠矣、彼夫齊秦楚蔡皆邦也、無非適也、乃身已離乎望國、則無論南轅[illegible]學、而俱有行吟澤畔之悲、名不隸乎宮懸、則亦將魚鳥江湖、而不發栖吾大夫之歎、蓋來擊鼓如方叔、而所入乃殊矣、河水之洋洋也、而淵淵者

本朝小題文達

忽與中流相上下。詎振響於洞庭之野。未援袍於淮上之洲渚若
以故國遺伶來此而乞江山之□河流之活活也而淹者育與
雲濤為出沒。自乘風於一葦之杭。非徵道於尋源。彼而若以波
流浸灌爇此而倚鏜鞳之音。嗟乎撫治治之日下。曾延事變真若
江河鶩汩汩之奔流。北顧慨然想古豪傑方叔其竟入于河矣而
繼此諸伶亦遂多絕意人國者。

叮段上文去國更轉一境。滿紙烟波。如見蛟龍起舞。黃正齋

鼓與河揺寫融洽。想其落墨時亦得江山之助。吳與參

鼓方叔入　七句

江蘇鄧宗師科入　淮安府學一名　吳　光

觀於工之各有所入、視適者而情彌殷矣、夫何適而不可、而必於河于漢于海是入也、方叔諸人、殆絕意于人國哉、且人情苟中有所激、則豈特避地淹留有所弗顧、即絕人長往、亦不暇恤也、蓋其嬾俗之念既深、自屏迹之懷彌遠、孰謂江湖非余樂、而不終吾身以徜徉也、（有韻）如吾魯諸伶、豈特摯于繚缺之各有所適已哉、夫離故土而托孤蹤于他國、則目擊心傷之下、亦已覺其寥落、尚何至絕人世而遯心于水濱、然去故國而寄土音于殊俗、則異方歌咏之餘、自必益增其悽愴、又何妨韜吾業而行吟于澤畔、故迄今考宮

縣之制而見夫河洲致咏漢廣興思海邦率從者皆入盛世音樂
（實日相輝映空山共澄鮮）
之中則歌功誦德先王固以此為勝地名區之跡乃迄今週倫官
之去其所為逍遙河上泳游漢中遵彼海濱者皆有入焉不返之
思則逃人避世羣以為縹緲寂寞之鄉今夫入河與漢者誰也夫
樂重華音魯豈無掌夫鼓者然至是而奏鼓簡簡之聲固與河水
之洋洋相為上下問所謂方叔其人者豈猶在魯之庭乎而不特
（錯落甚）
此也有鼓以君樂必有鼗以佐樂問所謂播鼗之武亦相顧而起
（古）
也漢水湯湯武其宛在乎且所謂入海者誰也夫太師而下豈無
（曲水迴索）
少師以為之佐者然至是而左右與樂之心固與入河入漢之念

俱有遐心問所謂少師之陽其猶安與樂之常乎而不特此也樂
賴金聲以始尤賴玉振以終問所謂擊磬之襄亦相從而往也海
原批互寫處如迴文錦句迷離烟月
水泊沒兩人其偕遊乎獨是方叔與武固與陽襄同一避世之心
而何為獨天各一方也蓋既雲散而風流何必此唱而彼和則兩
地而行其志者究亦異地而同其符抑陽襄之入亦與方叔與武
同一高蹈之懷而何為更攜手同行也蓋既欲效沉淪之高風何
妨擬巢許之偕隱則操念之同其符者亦不必異地而行其志然
則諸人之一入不返者較之去此適彼其情不更激乎然而魯以
不競矣

以整以暇。雲烟滿紙。有曲終不見江上峰青之妙。原評
河洲致咏二比。獨能謝朝華而啟夕秀。遂擅通篇之勝。

鼓方叔　吳

鼓方叔入　三節

江南鄭學院歲入
華亭縣扣發壹卷　沈留耕

伶又有以入聞者其情愈激矣夫若河若漢若海非齊楚秦蔡比也而叔武陽襄俊相繼以入焉不愈見其情之激哉且凡境之來

起○現○曠○然○又○切○此○三○句○不○可○移○置○

極夫至幽者其地猶非絕人之域也迹之不康於至遠者其人亦非逃世之尤也夫境以僻而彌遐迹以藏而愈秘蓋至樂烟波之浩渺戀流水之阻長而其地為甚深其人為甚愁矣我魯自太師以下不已紛紛有所之哉摯干繚缺之輩接踵而行覬國者方歎

二比、反、正、呼、起、題、面、一呼、上○半、截、

典樂之無人也猶幸有備員以處者而考擊宮懸尚承乏乎公庭之職齊楚秦蔡之邦繡壤相錯有心者且望旋轅之有日也何復

論語

有投袂以起者而高蹈遠引足扎足於齊宴之鄉則第見向之伐
二比一傾一進上下分發
鼓有司者未幾而逢逢絕響也向之播鼗有人者未幾而淵淵闇
寂也少師一去誰與分曹擊磬無兩疇其勞職何也以奏鼓無方
照上四句
叔也播鼗無武也少師擊磬又無陽與襄也則又見河水洋洋而
特方叔不落人
不啻鼓聲之其鏜也漢水滔滔而不啻鼗音之相應也瞻海濱而
若隱然陽盡歸於海若而移情磬襄如在何也以方叔則入於河
照下三句
接得宕淡
也武則入於漢也陽與襄則入於海也意是何行蹤之益渺乎悵
二比不犯過翻入
四國分非遙何難指東以赴而顧必抱器荒涼之境也既已長謝
入與適異
夫宗邦并不復流連乎異國則亦一入也殆欲遂其潜形匿影之

懷也卻何憤激之尤切乎望諸從其宛若又何難絲燕成虞蕩
必卜居寂寞之區也心雖不忘夫舊都身已甘乎寥廓則此一
入也又自明其長往不返之志也一則湖洄於河洲一則泳思然
二九五條
入海謝入河漢
漢水叔乎武乎爲雲散風流而不效陽褒之偕隱也彼蓋以拔
蒼茫悲涼如今攜手上河梁何
土堪傷則相對泣增其切怛故不若獨行己意各寄其避世之孤
蹤彼也浴嗟於海島此之亦悲嘯於海濱陽乎襄乎爲偶予和
以入河漢終入海
汝而不終叔武之離極也彼又以知己異趣將猶多孰訴其離愁
詘 總結二面入字感
故不若攜手同行姑結夫乘桴之侶侶然則此四入者吾見其入
而不見其出也可勝慨哉
慨無限不獨用事恰當

文姬笳瀟灑氣雍門吟長城哭點照二比分中二比合後二
比分此分合之異也起二比一反一正點題二比一順一逆此
正反順逆之變也起二比虛下二比實中二比虛後二比實此
虛實之相間也起二比分籠題面下二比分點題句中二比搖
上作襯後二比就題互翻此取徑之各別也或對起或單起此
位置之不複也變三股為八股變散叙為整局變渾發為截分
此結構之出振於時蹊也勿以哀音怨亂没其謀篇製局之苦
心斯得矣　黃孝存
迷離惝怳烟波江上使人愁　黃儒醇

鼓方叔入於河　三節　宋文園

觀諸伶之所入而避世之思益深矣蓋入者往而不返之謂也方叔諸人之所入視遠國者不益深避世之思歟且凡肥遁自高者不曰山之巔即曰水之湄故行吟澤畔每多遺世之流乃不意伶工賤技而寄跡遙深亦有不謀而合者太師而下既各有所適矣使當日者諸人雖適往哉而堂上堂下鼓歌間作搏拊猶存久得亞於太師者以為之倡抑亦可各安厥職而莫我遐棄矣然而魯政之日衰也民無土鼓之風上之懸鼓之飛典樂者已不遑司事而助理者何為金聲者既不聞有人而玉振者奚益但見滔滔皆是益深其高蹈之懷

原評擬擬簡淨不為濃[illegible]

切々之音　韻瓶圖落不作一無謂語

切三鼓

四語總

本朝考卷含真集　論語　彩碧齋宋本

杞有爲有度

而魘魘靡騁并無意樂郊之滄則有若方叔也投鼓而起而遙溯夫河之干武也渠鼗弗播而泳游於漢之廣陽也去少師之位襄也辭

原評　科段絕老

擊磬之官而海濱以終老焉嗟乎哉風塵之外志流水而何從葭露

原評　風起雲飛

之間溯伊人而焉往將無置身浩淼獲聆天籟於滄波而奇傲沉冥

原評

原評　批亦爲之移情

顧批移情於海若則方叔諸人倘亦各因所入而技益神矣乎顧獨

掉尾烟波

未睹吾夫子之臨河興嘆而浮海終窮也

題多習選文特以簡遠勝人　原評

不貴極情盡致而治亂興衰出處聚散之感尺幅中無不具備蓋

作此等題與其令人快不若令人思以有餘地爲妙耳切三段闊

鼓方叔入　三限　宋承乾

伶之有所入也并無意於人國矣夫何適而不可而于河于漢于海

是入乎方叔諸人其心殆滋戚矣乎且古之隱淪而不悔者每甘心

原評一起擒題

于寂寞之濱而避地淹留之計亦有弗為也蓋其憤時嫉俗者深必

欲絕人長往而一去不還若曰江湖余樂也終吾生以徜徉矣則吾

原評古雋

魯諸伶其戀摯于纓鈇而行者更可異焉吾想去此而適彼者猶未

必所止而皆安彼身雖行遁其係心宗國不忘歸來未可知也不然

從潔字摘打落八字題然不靠

胡不為入山之深而入林之密也然入焉不返者又未嘗無人矣河

敘得變化

水之洋洋也而淵淵乎伐鼓之聲忽與波流相上下蓋自是魯之廷

無方叔之迹也夫鼓以君樂而蕢實佐之誰欲播鼗者而漢之廣矣（蟬聯）（又變）

于馬泳思也所謂伊人武其死在乎惟時若陽若襄亦相顧以起也（又妙）

（蟬聯）謂河漢猶中土也業與世而長辭焉不窮乎寥廓邅彼海濱飄然一（用乘入妙）（入化）

徙海水汩沒其將對之而移情欤夫誰復知為少師也者而擊磬之（借上文）

技亦窮于無所試矣嗟乎高蹈之風至諸人而愈微也與其寄孤踪（識說）

于他國而顧瞻之餘不免中心之怛何如絕人世而閒諸水濱也望（原評似魏晉間人筆）

觴々之極目而請從此隱長謝故人蓋風景河山之感久已相忘耳

抑屏迹之懷至諸人而獨苦也與其操土音于殊俗而異方之樂轉

增入耳之悲何如翻吾業而行吟澤畔也指中洲以遠逝而邈迴從

之道阻且長惟高山流水之致斯為相賞耳（原評韻絶）獨是陽襄之入也不且（原評）
（互翻恰好）攜手同行乎而方叔與武又胡為乎與地也蓋國既遠而友亦疎亦
勢之所無如何且使魯邦見我二人撫念雖則同心而雲散風流并（原評[illegible][illegible]）
不必結無聊之傳但然則方叔與武之入也不既天各一方乎而陽
襄獨胡為乎合轍也蓋仕同國而隱同方亦情之所不能解且使後
世知我二人高風已足千古而倡予和汝更自成為有作之巢由嗟（原評好句似仙）
（八字敘）乎諸人之入焉不遂雖欲舍此而他適其將能乎抑吾不知太師諸
人聞之又將何以為情也（原評箏青江上）

步步合法而風韻蕭騷更自邈然絶世老杜云神仙中人不易得

本朝考卷大題篋中集　戴彥叔　宋　論語

此才良復孤標特出。為之擊節不置。　原評

起手轉落入字。筆意最超。三段敘次。亦極參差變化。以後借上意襯發二股。將題面互對二股。清辭雋句。絡繹斐亹。大耐吟研。張奇生云。似此逸才飄舉。故當拔萃耳。乙亥秋浙中友人以錢塘黃邑侯課試文一冊見示。自宋君及周君本孝而外。若程君標。王君眷。愚宋君綱。吳君山。沈君玖。宋君振業。高君景屺。秦君鏡。皆能各見所長。予不勝賞激。已而院試。受知于顏學山先生者。十居其七。而吳君遂冠一軍。沈君復為府學冠軍。于是益嘆哲匠之所見。固畧同也。文不能盡載。附筆諸君姓名于此。以為一時美談。

鼓方叔入　三段

浙江錢塘黃中　宋承乾

尊科覆一名

原評一起擒題

伶之有所入也、并無意於人國矣、夫何適而不可、而於河於漢於海是入乎方叔諸人其心殆滋戚矣乎且古之隱淪而不悔者每甘心於寂寞之濱而避地淹留之計亦有非為也蓋其憤時嫉俗者深必欲絕人長往而一去不還若曰江湖余樂也終吾生以徜徉矣則吾魯諸伶其繼摯干繚缺而行者亦可想焉吾想去此而適彼者猶未必所止而皆変跡身離行適其緣心深國不忘跡來未可知也不然胡不為入山之深而入林之密也然、焉不返者又未嘗無人矣一河水之洋洋也而渊渊乎伐鼓之聲忽與波流相

原評古雋

妙發評從憂字轉落入于題然不牽

二段叙次精緊頓挫變化之妙

上下蓋自是魯之廷無方叔之流也夫鼓以君樂而鼗實佐之誰與播鼗者而漢之廣矣于焉泳思也所謂伊人武其究在乎惟時若陽若襄亦相顧以起也謂河漢猶中土也業與世而長辭竭不窮乎寥廓溯彼海濱飄然一往海水汨沒其將對之而移情與夫誰復知為少師也者而擊磬之技亦窮于無所試矣嗟乎高蹈之風至諸人而愈渺也熟其奇孤蹤于他國而顧瞻之餘不免中心之怛何如絕人世而問諸水濱也望滔滔之極目而請從此隱長謝故人蓋風景河山之感久已相忘耳柳屏跡之懷至諸人而彌苦也與其操土音于殊俗而異方之樂轉增入耳之悲何如韜吾

（婦辭而下）（又）（變一絡蟬聯式去過落之迹含韻化為雲煙）（人筆）（原許似魏晉間）

鼓方叔入 三段（論語） 宋承乾

芊而行吟澤畔也指中州以遠遊而邇洞絕之道阻且長惟高山流水之致留為相賞耳獨是陽襄之入也不且攜手同行乎而方叔與武又胡為乎異地也蓋國既遠而友亦疎亦勢之所無如何且使魯邦見我二人長往雖則同心而雲散風流并不必結無聊之儔侶然則方叔與武之入也不既天各一方乎而陽襄獨胡為乎合轍也蓋仕同國而隱同方亦情之所不能解且使後世知我二人高風已足千古而儔乎和汝更自成為有伴之巢由嗟乎諸人之入焉不返雖欲舍此而他適其將能乎柳吾不知太師諸人聞之又將何以為情也

韻絕

原評

互翻恰好

原評好句似仙

入字妙

慷慨有餘哀

本朝考卷才調標秀集　論語

步步合法而風韻蕭騷更自悠然絕世原評

哀音四集如聞變徵之歌　田梅嶼

鼓方叔　宋

鼓方叔入于　三段

錢塘黄蹤尊科考覆試二名　周本孝

記伶官之所入較遠國者而心益苦矣夫曰入則非僅有所適焉已
也方叔諸人其竟忘乃職乎且將欲絶人羣而遠逝（即將入字意說起）者徙徙有不深
不察之恐焉故不惟有去國之思而并無彼都之慕蓋去此而適彼
猶為避地之蹤一入而不還遂成避世之樂而其跡愈遠者其心亦
彌苦矣如太師適齊而侑食之官皆去斯時也魯廷其無人矣乎雖
然勿謂魯廷無人也其在詩曰奏鼓簡簡蓋言鼓也又曰鼗鼓淵淵
言播鼗也又曰依我磬聲言擊磬也至若太師而下厥惟少師是樂
官之位而與太師共厥職者也若方叔若武若陽若襄相與集散亡

補殘缺廢公庭之錫爵而宣六代之遺音則樂固依然在也安得謂
魯廷之無人哉然而魯廷則竟無人矣河內之墟乃有坎其擊鼓者
原批擁筆熱怨[illegible]而迷離
矣漢中之地乃有置我鞉鼓者矣海濱之上乃有佐理夫宮懸職司
夫擊石者矣方叔諸人胡不於魯而於河于漢于海若是則唯入焉
之故斯時也抱器而奔徒切江湖之志望洋而歎益增日下之悲入
者之心非即逸者之心乎而吾以為其心較之逸者而更苦矣必謂
都備上文翻出
歌雍彝倫之不可見聞而問異國而遍征似也然齊秦楚蔡之邦能
題意
必其紀綱之無失墜乎況四代之樂固莫備於吾魯矣而聆夫異國
管絃鐘鼓之聲益動我以宗邦之想纂嘗亦心之所大不忍者也唯

入于河于漢于海而理亂不知敢治不聞有付之漢不閱心已也而其心罔濊藏矣必謂明堂清廟之不可復聆而向他邦而至止固也然齊秦楚蔡之郊能必其君德之無所違乎況朱干玉戚固特賜于我魯矣而觀夫他邦聲容文物之蕩益動我以故國之悲思當亦身之所大不安者也唯入于河于漢于海而既不知故宇之可懷復不患此邦之不穀其庶可優游以終老乎而其身逝不反矣故有異共

更佳

入搜入剔入疼入妙

原批

地而入者方叔之于河武之于漢是也有同其地而入者陽與襄之于海是也而爲原夫其始則固鼓焉惟鞉焉少師焉擊磬焉者也

[illegible]

古氣淋漓波瀾層叠可謂極才人之致 原批

最是魯莊則竟無人一轉。及結處一掉。用筆飄忽。有乘迴風兮載雲旗之致。後二股借上文襯發入字。亦為淋漓悽激。

魏方叔

周

鼓方叔入於河

胡啟龍

司鼓者有遯思其於入之地尚近也夫自河中有方叔之迹而魯大樂之人矣繼遯而入者此其倡乎昔夫子正樂之後而太師人皆遠適紛紛風流雲散奏公之所半寂然矣然分鑣列國不越中區或翹首宗邦尚冀其一返也乃有人焉長往不踵道宮之塵而漂流獨作同官之倡則其避亂與遯者同悲而高蹈較遠者先興也如鼓方叔其人者夫考賁鼓于岐陽誰歌其虡業矣乃者東國之懸猶是西京之声乎殊覺昔時之朦朧際其盛而今日之官司摯其哀也審五音以知政不勝宮亂之荒執伎無郁之

流涕一紀南征之偉烈方叔美其壯猶矣茲者後來之秀尚之前踐（思爲匯合下以發有附會）
之風乎轉使伶官蔡囊括之人人名而愧元老作休明之鼓吹也耦
六代之宮懸歷亂奸雄之手抱器者殆有遐心一方叔于是爲掛鼓
而悲也曰吾行可矣欲暢超然之高情須釋域中之常戀滔滔者
往而不返也吾將入焉有如河一遐思虞帝之陶化神難再緬想耳
王之鑿明德長湮而不廢之流尚足發幽情于思古也方叔乃蹈（杜詩）（韓詩）
以傷心　其奔走于衰朝孰若摩挲于往蹟河之水去悠悠余懷（與鍊）
亦正如此耳方舟一一楫就之不以其深夫亦誰爲勸駕乎河上有
（極矣討字之欲刪）
洋洋之嘆公庭無簡簡之聲矣樂訂河洲之詠化如關雎臨河

興不濟之差悲深鴻犢彼聖之大說孰不感孔思而之哀也方叔（此○層○較○前○透○更○緊○）

乃渺然遠矣不堪恭僭竊而賦簡兮毋寧赴長流而歌指隱河之（俱○貼○河○措○詞○）

章自此吾終不返耳洄洑雖勞從之不嫌其曲更復疇憐（○○無○潤○肉○）

同丙于遠水有道遥之客方中失考擊之人矣蓋始焉列執藝而（○二○比○五○串○）

供奉權門聲譙于室優伶末役尚未識河清難俟之憂今也總同

儵而獨懷淪寂身隱于河波浪消沉先示以濕鼓無聲之慘吾于

方叔有感也夫兖州當河之下流而魯為衰境矣去河尚邇也方

叔之所入乃擇其近者則雖然入者冀其先而尚與遷者同其趣

也乃從方叔而起者其人且從此愈遠矣悲哉

以綺麗之詞。寫淒壯之韵。急管繁絃。如聽漁陽摑鼓。黃道丁先生。

縱鼓字河字襯染着色。遂焱布彩流霞。皆非無謂而設。把開府之清新。擅參軍之俊逸。周體乾先生

雄詞鏗鏘。異采陸離。鍾學洙

鼓方叔入於河

俞顯祖

伶有入于河者、所遺并不在國矣、夫河非人國所在也、而方叔入之、則鼓之技其何所試乎、昔吾夫子自衛反魯而後樂正、想夫大河之間瓷絃鐘鼓零落者所在多有、而若曠若消其以樂自鳴于河之南北者又不乏人也、乃不意吾子臨流不渡之鄉亦即為魯伶抗志長往之地、則避世之踪較諸人而愈遠矣、彼夫齊秦楚蔡皆邦也、無非遺也、乃身已離乎望國則無論南轅北轍而俱有行吟澤畔之悲名不隸乎宮縣則庶幾魚鳥江湖而不殊猶吾大夫之歎、蓋至擊鼓如方叔而所入乃殊矣、河水之洋洋也、而淵淵者

想從天外

從人兩情下錄錄工力絕

類義門

典制文環　論語　林岩居　一集

忽與中流相上下詎振響于洞庭之野未援枹于淮上之洲而若（淺思雲飛）以故國遺伶來此而乞江山之助河流之括〻也而進〻者直與（俯對光幻）雲濤為出沒自乘風于一葦之杭非假道于鼻源之使而若以波流浸淮藉此而傳鏗鏘之音嘵乎撫滔〻之日下魯廷事變真若（驅遣神來）江河驚洄〻之奔流北顧慨然想古豪傑一方叔真竟入於河矣而繼此諸伶亦遂多絕意人國者巖小巖而雲夢起濟江浦而蛟龍繞舸

頤景嶽

鼓方叔　俞

鼓方叔入　于漢　姜承焰

河漢河居也、伶官已兩有所入矣、夫方叔與武本皆司樂於音教而何以有入河入漢之舉也、其所感者深哉、且自世之盛也、遂之器識析響歸羅而家典漢廣也思野有河清之瀬得欲休戚何關之音哉遂其後時事既非往瀾日悲而宗邦司樂之倫律々飄然高濯不在公庭而在水濱也致足悼也太師摯而下若干若絲若竹既各有所適已差兌元音不作聲稱寫于他邦風流渺然共停驂于異國今而後爵廷其無人矣哉雖然莫謂竟無人也于稽其時則又有司鼓而名方叔播鼗而名武者夫鼓之聲為主于君而鼗即鼓屬也當其時私室方強寢衰守府叢宮音失其正矣方叔于此慨正始之既

房書小題定衡　下論　辛未科

涇悼乾綱之下。楷方將與武一彈再鼓執藝以諫行見君權柄且去
尊而歆羅舞佾之風可以不作豈非大愉快事乎而何為飄然遠適
竟欲闊之水濱哉。兩人若曰吾與其避地而遯異國何如避世而入
避方。雖謂河廣曾不容刀也漢之廣矣可以泳思也相傳為一入河
一入漢豈其食魚必河之魴方叔待無有是心乎何為潛蹤于此
也第覺河流之括直與鼓聲相激昂而淵洄從之不憚煩矣且以
夫私家之祿不可終靡而河水清漣靡然照素餐之誚也其亦潔身
之意哉。一漢陽諸姬楚實盡之武豈不聞有此乎何為適迹于斯也第
覺漢水之洋洋直與鼓聲相上下而卜築而居不辭遠矣且以明僭
竊之邦不容久戀而江漢歸心聊以遡孔通之休也其亦傷時之意

哉今而後坎其擊鼓不在泗之上而在河之濱矣噫鼓淵淵不在魯
之廷而在漢之陽矣嗟嗟遠托異域昔人所悲叔耶武耶何時賦歸
來耶而況鼗武而有所入漢更欲濱海而居哉
靈思藻采絡繹奔赴自然移約上下文不得寒儉家邈其風華凝
肥者無其神焉
諸伶倫羨因夫子正樂之後皆知宮懸失次各
散四方以去亂可見聖人功化如是
存無以為大聖人地矣不可無辨

房書小題定衡　下論

鼓方叔入　三段　荊圖南

伶有無意于人國者往而不反矣夫河漢與海之間絕人之區也而方叔諸人于是乎入焉不且并無意于人國乎自古所稱為隱君子者往往有江湖之思而無邦國之慕彼非樂此而逃之也而絕人長往者蓋其憤世之心愈以深而其避世之蹤愈以遠矣不意吾魯諸伶之去亦有然者彼適齊者有人矣適楚與蔡與秦者有人矣然而羣然而散者不必皆同志也嗟此邦之不穀而飄然一往何地不可以淹留然而悠然而去者又未始無同調也抱高蹈之遐衷而遯跡排細塵世何堪以寓迹且有入于河者矣有入于漢者矣有入于海

者矣而其人則方叔也武也陽與襄也其業則鼓也鼗也磬也其官則少師也是數人者始則合作一堂而交唱迭和固與撃千繚缺同慶公庭之錫爵繼且分處異域而流寓播遷亦與齊楚秦蔡同悲齊律之散亡然其去之迹同而去之心不同也彼遠適異國者雖有風景之悲猶有此都之慕而方叔諸人且有屏迹而長辭者焉瞻彼四方已慼慼而靡騁不得已而于河于漢于海者亦猶之入山不深入林不容之慮已矣然其去之地殊而其去之志亦殊也彼抱器以歸者雖有故國之悲未敢頓人之望而河海諸人且有從業以自晦者焉江皋河瀨嗟一去之不還徒誌之而為鼗鼓為擊磬為少師者蓋

意黯辨淡索致足怡情

將適字覩又字文

復有左手執籥右手秉翟之思也乎嗟乎、念淮水之同音猶爽然有君子之慕而感懷笙磬之感應亦慨其倡和之無徒假令撫今追昔而歌聲不已難再乎而入者黯然傷矣感滔滔之極目既愀然有目下之悲而旁皇河海之區應亦傷其觸目之無殊然而以彼易此而江河不猶未甚乎而入者逝不反矣共抱絕殊之技而已散之于蕭條寂寞之濱追念同官之雅而徒寄之于獨寐寤言之頃彼入者亦念及此乎

抑筆亦漫蕭然

胸上有曠世金石聲

只寫大意而悲凉激越妙有絕世文情風流雲散一別如雨讀者猶為悽歎也

鼓方叔

英學院歲取入永
春州學第名　許　龍

伶有司一器者聖人先遡其人焉夫鼓為樂之器司之惟方叔也夫子寧無思之而低徊哉且自襲業聞應田之係矇瞍切在公之奏久矣入故府而問專司未嘗不嘆鼓之為用大也故諸伶共事克安所奏之常而一人具官祇術立動之宜君子思其人遡其器淵淵爾逢逢爾深為之低徊不置焉太師以迄亞飯既皆有所適矣宮懸其無恙耶長驅即不可挽曹部未既空也則職司一器宜切鼓舞之思樂器其有存耶遠舉縱不可廻諸伶其有在也則業專一家應動鼓吹之盛問誰典樂而使按節以奏者長守故官乎

問誰司器而欲循序以伐者備厥伶倫耶考其物名曰鼓問其人方叔是路鼓歟靈鼓歟鼓之為名亦不一矣而擊鼓鐘然爭涉焉於求材壯士所以思之而踴躍也叔亦同樂中之器歟夫房中洪奏與同琴好之樂烈祖有衎寔賴厥声之和鼓為樂中之大器何堪職主之無人叔自備官以來其所操節而奏者祇此一鼓是司也逢然欲中于宮商考伐先昭其律呂而伐鼓淵淵寧徒懸諸翕絶徽纆之中乎鼛鼓歟鼉鼓歟鼓之為象亦繁多矣而鼛鼓弗勝樂趨事於勸功司空所以念之而神怡也叔佚卑樂中之物歟夫鼓鐘有伐懷淑人于三洲伐鼓其咽念言歸于振鷺鼓為樂中之

大用何堪職主之無氏叔自効員而後其所循序以伐者惟以一鼓是宰也奏蒯欲與于在公淵然務給于於倫而坎〻鼓我無空懸諸金声玉振之餘乎蓋譁而聚衆義之有所取也方叔知之稔矣今者大雅其寖衰乎而以一己之專司鼓千秋之絕調則喤然擊鼓之中隱傷魯事之無何挂冠投簪而外猶睹司鼓之在列也夫叔也而果在司鼓之列哉抑簡而貽聽声之衷于和也方叔知之久矣今者元音不復作乎而以一日之鳴鼓寫今昔之失意則咽然伐鼓之際陰維六代于不衰他鄉遠適之餘猶遇考鼓之在職也夫叔也而猶在考鼓之職哉蓋至河水洋〻叔也幾不為適

試草

而為入矣

學院老夫子原評

春蓉而藝工力悉敵

鼓方叔入　二節

江南鄭宗師歲入華亭縣學八名　張宗詠

誌避世諸伶、情更深于適矣、蓋河也漢也海也、大師諸人未之入
也、而入焉者則有叔武陽襄、其情不更深于適乎、且運會當極盛（原批起勢）（蜂峭）
之時而志士作入林之想、此必非人情、乃識在伶工、彼方深避地
之悲、而此竟為絶人之計、當亦情有不容自已者耳、大師諸人、紛（緊招）
紛去國、魯伶其無人矣乎、幸也、猶有方叔也、武也、陽也、襄也、倘其
念切桑梓、悲同官之長往、而不忍總遠遁之蹤、則聊亦姑留一二（從上文作兩層翻入低徊覺精足當然）
以存箕國之宮懸、即或與懷高蹈、念落寞之堪傷、而不忍發沉淪（清穩）
之慨、則庶幾共域棲遲、仍結他鄉之儔侶、而孰知不爾也、畏考其

時或司戍鼓或與播鼗或職少師或掌擊磬而羣焉相領以起者（拙通體○警飭不落○時蹊）風流雲散幾處曹部之一空或徙河之清或懷漢之廣或移情於（清○詞○綺○麗○）大海之煙波汩沒而入焉惟恐不深者匿跡銷聲遙指伊人之宛（原○批○此○意○人○所○不○到○）在吾於是知其無求用他邦之意吾於是知其有不忘故國之忠（探○出○入○者○心○事○情○致○淒○然○）憯踰而日甚矣既宗邦之難問而又何論於他邦故羈留異地亦同故府之就衰毋寧托跡杳冥猶見碩人之高致叔武陽襄正若（翻○佛○題○邀○一○往○深○情○）以沉淵洸耳愧擲地之徒勞也滔滔者誰為與易乎亦聊付水流之不競而已矣淫哇而四起矣亦何國之不然而反潸然于故國敌目擊時艱徒嘆四方之靡騁豈若行吟澤畔猶懷宗國之離憂

叔武陽襄正欲以人闔我清發當途之一悟也渺渺者何時能釋（原批：深入無淺語）
乎亦聊泝流光以上下而已矣要之論其迹則入而不越較之適
齊適楚適蔡適秦者徒想望雲山之匆而此心大忍而察其情則（收足通篇意）
與世長辭祇覺入河入漢入海者有不堪回首之故而結念彌深（原批：一彈再三嘆）
嗟乎其在叔武陽襄則已矣曾亦思緬盈耳之遺音而懷正樂之
舊侶者誰也胡然見其入而不見其出也
銷魂語涉筆便爾呼能出新意於法度之中而情韻悠然猶見
雅聲未墜（原批）
諸賢知出處之義而能去寔緣夫子道化之功與沮溺丈人輩

心跡自不同也。不忘故國一層。發人未發。深情入妙。而通體用意綿邈。取致鶺鴒。亦能釆度于白雪淥水者。

鼓方叔　張

鼓方叔　魯公曰　黃登瀛詒濂

歸宗師歲試取進晉江府學第名

更觀諸伶之所入因念開國之訓焉夫方叔諸人之所入比太師為甚矣魯之衰若此能無因念周公開國之訓乎且鄆隆之也賢人君子每鼓舞懽忻共相汲引夫誰不願入覲對揚和聲以鳴國家之盛哉乃流及既衰伶人之流淪入焉不返者良由祖宗之訓誠蕩焉無存君子觀於廣漠斥鹵之區相繼而隱遯者未嘗不追念國家締造之初焉如太師與干繚缺既去魯而各有所適已入夫魯備六代宮縣為他國之望我元公相成王制礼作樂觀鼉討命元子以祖東留貽至今日也太師諸伶胡為舍魯何適毋亦

以舞佾歌雍僭逞祖制女樂文馬變亂舊章故去之惟恐不速歟雖然去魯若豈徒此哉盖有接踵而起者曰方叔曰武曰陽曰襄要皆抱一器而各有所入者也夫鼓以君樂而鼗實助之方叔與武仕同列者居或可同方乃何以一在河之濱一在漢之廣雲散風流各自擇乎寂寞寬閒之地抑少師原太師之佐而擊磬分其職業不類若羣亦可不偶乃何以此也在海之隅彼也在海之表同歌互答若相契於煙波浩渺之中然則方叔諸人之有所入也一非以魯政之衰故偕太師亞飯諸伶以俱逝乎然而魯政豈終於衰之日而無盛之時也哉假使魯之君若臣追吐哺握髮之勤而

禮賢下士宏籥翟搸柃之化而并蓄兼収訂古樂於遺軼向太師而挽駕將見小大從公於泮水鼓鐘於樂乎辟雝一材一器一纖皆可世守先緒又何至於河於漢於海之是入哉此夫子觀樂工四散之餘而於周公謂魯公之言三致意焉魯為周公所封之國而命伯禽以往之者以周公留為治洛也當日者方圜之器鼓以投壺既經作樂之勿替[illegible]建邦典重能勿於大啟爾宇之時親告誠之意魯為周公酬庸之地而使魯公以主之者以魯邦克世傳封也當日者淮徐之征思周海外意必人材之来歸則保世情深能勿於俾侯于東之日傳忠厚之詞故當其盛也以尊賢治魯三

年而報政禮明樂備祖訓是循及其衰也一二伶人望風遠引見
滔滔之極目長謠故國故宮而不頹也君子知魯政已日非而四
思開國之訓於不置云

大師相[illegible]張老夫子原評

鼓方叔入 二節

舒學旦

兩記伶官之沂入猶是各行其意也太入則不反矣方撫于河而武（定下篇之意）（下注陽襄並入意）于漢不猶如適國者之各行其意乎在晉魯伶人之不安于位也維時有避之其行者人或疑其有不忘故國之思而不知且有一往莫（抱入）返之志要以積慮雖同而卜居尚異吾于適國者而外又先得二人（守隨轉和言節）焉自方叔曰武今日者方叔遠在河内矣而迴所由來則魯之鼓人（倒入有遠神）也人已去而猶繫之鼓以為是克供職于殷者其武亦遠在漢中矣而考其當年則魯之鼓師也身已隱而猶曰懸鼓以為是無失位于鼓者乎聞夫鼓以眾樂而鼓則洪之同列位于太常而鼓奏于前鼓

播于後當亦隱然君臣之誼焉（句含正意）方叔與武乘其不失世守之司鼓（反筆應鉦八河漢）鞀鼓以作樂而鼗則和之共效職于宮懸而鼗大其聲發播其響當（合寫浮兩節）（題作法）亦殷然動友朋之思焉方叔與武乘其永締同官之好哉乃未幾而方叔與武有遐心矣望烟水之迷茫遑云靡靡而行邁迤其入而河（煞下節立意）漢不一地矣方鼓楫而長往未聞沉沉之同舟北流者河與南浮者（語有激射）漢與陵萬頃之茫然而天各一方不必與波而上下溯洄者方叔與溯游者武與縱一葦之所如而相去千里何有萍水之邂逅且夫遠適異國昔人所悲若方叔與武則惟是蒼涼雲水翩爾長征蓋不啻（頂上啓下意致飛動）入山欲深入林欲密以遁將來之先路而豈惟步前此之後塵且如

去國孤蹤抑鬱誰語而方叔與武亦惟是岐路徘徊凄然分手各把（之注下作義下句不可移改一字）
（題文）
其獨寐寤歌獨寐寤語者聊撫目于河濟而即以絕詠思于漢歷嗟
乎方叔去矣武不返矣所云逢逢者何在乎所云淵淵者何有乎吾（渡下言有情亦是簡補結穴）
方嘆一入不歸者不復見秦公之朦朧而不謂聞風而起者又自成
有伴之巢由也

拈入字不宜籠統下節切發鼓最忌填是不靈脈注陽襄並入意
以定題位是為得之
敷詞染采切當不浮文情蒼涼哀艷危狎啓人樂府之遺　鮑子傳

小題　論語　鼓方叔

鼓方叔入於河

路仍起

魯有入河之伶而司鼓無人矣。樂重有賴於鼓也、方叔其選也、方入於河焉。廷誰為司鼓哉。且自魯事日非大雅不振一時伶倫相繼浩歎。不獨專官者去即執器之良亦從而偕隱焉。其專官者之遠他國固太師為之倡而執器者之散四方又有一人焉為之先矣

先無此

何人與我思太師與樂之初一時之音節何盛也。而五音無鼓不和

此字方叔字

所幸有方叔其人也。於今諸賢散佚以後六代之旨懸自若也。而鼓聲為之不掺則以無方叔其人也。叔安往哉。入於河矣。吁乇乎然之

史出入河

舍此而他遠者猶是顯名異國之一已焉哉。此之一入而[illegible]必若市

塵科小題華國集　下論

二比從鼓

為終隱河濱之士叔豈不欲公廷舞一繼夫於論鼓鍾乎

如齊女亂聽鼓音不起叔其如鼓何哉行也長徙於河之干今河水

八河

清且漣矣隱而與此終古也回想當年廟廷之上有所為鼓淵淵之聽

扣定地字

忘倦者夫非方叔遺音與而今不可復得矣無能涉河而招之矣乎

豈不欲合止柷敔一宣夫鼖鼓弗勝之豫而無如三家僭樂鼓氣

衰以其如鼓何哉行也卜居於河之涘兮河水清且漪矣久何懷乎

敔鄉也回想當日工歌之下有所為歲逢逢律和聲者夫非方叔留

韻與而今不可復得矣庶幾猶問之矣邦國之雄以河為帶意

二比從河字發論

其次遂流長則藉彼龍馬負圖之靈而以知音托處於其間其亦有

鼓宮々應鼓商々應以宣律呂之和者乎叔寧無意焉則是河且幸

迎提方叔

而來叔々何不幸而入於河也且之勝河居上流意其地迴湍激

可借彼碣石龍門之險而以萬人遯迹於其際其亦可或泣或歌或

鼓乎悲聊寄憂騷之感者乎叔豈勝悲焉則是叔固不幸而淪落於

河鼓亦不幸而見鮮於叔也況乎繼方叔而去又有人也

鼓是方叔執器河是方叔隱居不向此兩事揮寫則方叔之長不

著而方叔之托跡亦不彰也意注在此分兩層洪染致㳍色澤

鼓方叔

歲入永春州學一名　謝天秩

紀魯伶而及鼓者器與人俱傳焉夫鼓樂器之一也方叔司厥職豈猶夫鼓者耶昔三桓僭樂歌雍以徹音律乖矣夫鼓無當于五聲五聲非此不和司其事者所為援桴而太息也則魯之伶豈特太師亞飯三飯四飯已哉宮府之器革居其一魯鼓之節與薛並傳言有器也必有所司司魯鼓者方叔其人也夫方叔職隷太師習其業專其家以視夫古者鼓人鼓師未知能得其遺意否然其審乎譙聲之微以別乎鼖晋鼛鼜之用固將以樂之正借為從違者也世之盛也樂正而放流慢暴過之聲鼓以君樂鼓人伐之節音皋舞淵淵闐闐君

子聽其聲而思將帥之臣使叔當是時亦在瞭瞍奏公之列矣不幸

顧上太師

處僭朝宮商移君臣亂武備廢弛衰替之象見于聲音方叔考鼓聲

尺水興波

未嘗不悲魯之不競也或者謂鼓乃樂之大者也樂師侑食亦必有鼓方叔所司其侑食中之鼓乎或曰非也古之樂工各司一器侑食之鼓于樂缺之餘為之也方叔之鼓乃魯侯奏假太廟列諸堂下者也顧不具論而特念太師諸人咸思潔身使叔不去殆非諸人倡歟

用吳越春秋入妙

夫驚翔之鳥相隨而集孰令建鼓以求亡臣者至今傷心于河上之曲也

鋪排周禮撥弄鼓名胸無筆有艾東鄉之所呵也援据君臣武備

生波既工比附即爲入河緣起着墨無多蒼然見骨

○鼓方叔入　三節　魏銈

伶散於水濱長與曾絕矣夫方叔諸人不欲復與樂故入於河漢海

也水遠人遠能無感慨係之乎嘗玫樂之器鼓其一鼗雖小也亦其

（綫縈拔）（先將題字對落敘出亦）

一磬又其一當師摯在時或司鼓或司鼗或司磬厥有專官少師則

佐其戚何其盛也居無何而河之內有鼓者方叔居無何而漢之中

有鼗者武居無何而海之島有少師者陽磬者襄吁河耶漢耶海耶

（鎮筆）

而有伶人在耶此當以入書不當以適書矣何也齊秦楚蔡之墟雖

（把上文來對勘使不可移撥）

非故土而廟庭不舞八佾則猶治國也至於河於漢於海則鼗鼓無

可置磬無可懸少師諸人亦無地可居自非有不可一世之槩而朝

為宛在乎水中一齊秦楚蔡之屬無非斯人况大夫不歌雍詩則固吾
與也至於河於漢於海則鼗鼓誰與知其誰磬誰與知其辨少師諸
人又誰與各奏其能自非有鳥獸同羣之志而胡為其問諸水濱一君
子以是知其悠然長逝一去而不復還矣故書之曰入也一而吾正固
之有感矣天下不滔滔乎六代宮懸付之逝水矣而忽過夫[illegible][illegible]蒼
霽之白不無風景頓殊之悲則河若有鼓聲漢若有鼗聲海若有磬
聲壯志長歌各傷魯事之莫可如何無亦有一往情深乘風濤而愁
絕者乎一四顧其茫茫乎杳然流水各在一方矣而或擊楫波之上波
之下咸有乘桴過詠之與則方叔自河至武自漢至陽襄自海至浮

泳中流聾瞽賢豪之不得常聚無亦有相對感泣欲唱和而不成聲者乎。凡此皆入河入漢入海之情之所必至者也。然則入者之情將無視適者而更痛耶。夫士各有志。無容相強。諸伶人亦各行其志而已。何必同。

觀此可知上二比都是空中模開。

俯仰情深。欲歌欲泣。直使風號雨溢。海嘯山鳴。楊慕俞

鏗爾舍瑟而作

音之未絕也見之于舍瑟時矣夫既已舍瑟矣且舍瑟而亦作矣若之（兩截分敲）（頓波〻倒承）（兩句綰定題境）何猶有鏗爾之動聽乎且夫情之關者于聲音間可以見之舉止間亦可以見之當其一彈再鼓之下而餘音嫋〻不絕如綫宜其舉止（點鏗爾〻）（句透下）之間無不從容而閒邃也一如點承子之問而鼓瑟希矣斯時點亦可（反逼爾）以作矣而點猶未遽作也當其鼓瑟之餘其音律所在第恐其一往（一句頓上）而無餘而點則冷〻乎其音也及其鼓瑟之後其遺韵所存第恐其（二比）一發之已盡而點則油〻乎其遠也領見其聲之已歇也而猶有未（正逆鏗爾四小比）歇者存音之已往也而猶有不往者在縣而聽之不在人意想之中

徐而聆之殊出人意想之外蓋鏗爾也有是而向之未作者今已（點上二字）（隨帶出舍瑟而作）

（用多數周旋）

作矣從來長者問更端則必起理故然也而點則循循乎饒有餘情

焉自是而瑟之未舍者而今竟舍瑟矣從來弟子有所告亦必起勢

亦爾也而點則𬤇𬤇乎繹有餘裕爲甚矣哉其情之閒也一堂之上（畫出鏗爾景象）

仍然不散之清音至矣哉其意之遠也函丈之間猶存不盡之逸響

（又繳定上句）

此鏗爾之音非點之瑟不能然而點乎見亦遂從容以對

寫景描情宛轉入畫尤取其前即將下截縮定後能將上截聯絡

一氣相生聲調引人入勝

鼓瑟希鏗爾　癸亥

瑟終而有餘音狂士之致也夫瑟在而鼓也鼓而希也希而鏗爾也雖未覩點之志而高致不已可想耶凡夫入世之士策名天下意致激昂達觀之流匡坐絃歌援琴自適其亦操行之絕不相謀者矣乃若同堂而商酬知之具而獨有渢渢其入耳者聆其音已如見其高致焉昔夫子與諸賢論志卒乃於點當是時點其慷慨而陳謨乎而胡為乎絃聲肖閒逸韻悠然其音則清以越也其氣則靜以和也其調則嘽以緩也蓋嘗方鼓瑟也憶點矣為而鼓瑟以由求與赤夫經世之具大為治之猷謨百世而下猶將聞而

晴從末二字例入文致生動

東點頤一彈再鼓若以為渺不相屬者豈知爾之詢未之前聞與抑或以是瑟也於其聲之秉肅識兵事焉於其聲之沖和得養（又作波折）道焉於其雍容而大雅者見清廟明堂之象焉如或知爾點其操瑟而應與噫我知之矣點狂士也彼夫兵農禮樂率勞人之具而點若以瑟靜之富貴功名盡躁急之場而點若以鼓瑟淡之迨至（文○頓○鼓○瑟）夫子問志而瑟於是乎希矣鼓者一時也希者一時也可以鼓而鼓舉一堂之勝氣維情盡相忘於肅歌之下可以希而希舉一生之逸情高致已微見於鼓歌之餘噫點瑟希矣點其忼慨而陳說（出○繼○爾○自○然）也乎而徐而聆之覺夫絃歌甫闋逸韻悠然者尚在也則鏗爾

鳴絃方間而遺響猶傳和聲已收而餘音未絕點乎其有出世之
思乎以視三子拂衣而起奮袖低昂何其壯也今何爲乎問者已
相形入妙大氣亦低昂蒼視
問荅者未荅瑟終餘韻脩然自遠即三子豪舉之概鬱結之懷且
吾與點之意已非出
開是聲而俱盡吾知夫子於此已默焉有動焉謂點能移我情矣
點眞狂士也哉斯時也應對從容作止自如惟三子亦竦聽焉而
春風沂水之藾風浴詠歸之樂殆與鏗爾之音共相賞於烟霞縹
悠然
渺間也
神遠
通首俱在空處發意於無情中生出情來可謂心閒手敏　顧有
寅先生

昔人論司馬子長文讀游俠傳即欲輕生讀屈原傳即欲流涕讀莊周魯仲連傳即欲遺世讀此文便有曠情高志兩腋間栩栩風生神乎技矣　第亭識

鏗爾

瑟有餘音鼓之者暇也甚矣點之暇于瑟也鏗爾者餘音也其斯爲點之瑟與且聲音之道與性命通準繇嘽緩之分緣人而異故有時清奏而無餘其操之者迫也抑有時曲終而不盡其將之者暇也乎問點鼓瑟鼓者希矣而朱絃而疏越者猶留其韻于几席之間希者止矣而一鏗而再鼓者希遺其響于寂寞之會爲擬其聲蓋鏗爾云揮絃者手也手在絃則有聲鏗爾者其有聲耶其無聲耶蓋手方揮也聲亦弗絶而此聲亦在有無之中矣按節者心也心在節而聲若斷鏗爾者其聲斷耶其聲續耶蓋心不按也聲亦轉徵而求之聲參在斷續之表矣當其時問者予也而問已逝也四無人聲而愛然以

下論

遠者獨傳于相對無言之際乎此其靜而會之也哉且其時欲言者點也而言未形也別有曠懷而不絕如縷者猶啟于無絃動操之餘點于此其徐而俟之也哉然則從容以樂其天瑟也傳之優游以盡其致點也參之聆鏗爾之聲點暇矣宜其俯仰春風而志在高山流水間也

摹寫題情超神入化俗手不能道一字

鼓瑟希鏗　而作　王繩武

壯士情見于瑟其氣象已殊遠矣夫點當鼓瑟即瑟可以怡情也乃遺韵悠然舍之而起其氣象不已遠哉且人謂聲音之道關乎性情故學者多寓意焉而不知其正不必假器以自鳴也即偶爾之操縵安絃而容止之間有可觀者則其人之性情已若可知焉如點之承夫子問也循序而前次宜及點而點猶遲之又久則以其時點鼓瑟也聞之侍坐於君子請業則起請益則起君子問更端則起禮也點於時其亦可以作矣可以舍瑟而作矣而點不遽爾也一方其未承上于問而一彈再鼓雖黃農虞夏忽焉已沒猶可于搏拊間聽懷乎聲

本朝考卷小題篋中集

希味淡而神遊太古淡漠之風及其既承夫子問而一器獨鳴雖引
商刻羽闋時欲終猶將舍作止間尚追乎依永和聲而不忘著往合
歸之意維時點之瑟固已希矣當響寂聲沉之候而一思夫鏗動之
原評逐步討斟即非点染景數
初已渺焉其難追天下之情隨事遷而供人之感既者有如此希也
于曲終復亂之餘而復留夫不盡之致遂悠然其自遠造物之無首
盡藏而任人之留連者有如此希也即而聆之猶鏗爾焉而瑟于時
蓋舍瑟而作矣今夫不繫情乎萬物者不妨留情於一物點亦似有
不能舍者而肅然循弟子之儀則合之夫坐而言者起而行吾黨之
振襟而談者蓋娓娓也而點獨有泮渙爾游之致乎萬物不足攖其

處者一物不足滯其機點又似無不可舍者乃使馬循應答之節則合之夫靜為禍者動為功吾黨之奮袂而起者蓋紛紛也而點若有意恬淡寡營之意乎點之志蓋已于鼓瑟時寓之矣雖藉瑟以點而傳點不以瑟而重使必因鼓瑟以重點將點不藉瑟遂無以自見乎點之曠懷高寄固不係乎鼓瑟間也鼓瑟其偶焉者也（結亦最妙）

隨處摹寫俱有一段春風沂水意思自是雅人之筆　原評

玩原評始見此文佳處此真賞音

明清科考墨卷集

第三十一冊　卷九十二

〇〇〇鼓瑟希鏗　而作

浙江顧宗師歲考西安一名　王繩武

狂士情具于瑟其氣象已獨遠矣夫點當鼓瑟即瑟可以怡情也乃遺韻悠然舍之而起其氣象不已遠哉今夫不可知者功名之事也不可强者性情之事也人謂聲音之道關乎性情故學者多寓意焉而不知其正不必假器以自鳴也即偶爾之操縵安絃而容止之間有可觀者則其人之性情已若可知焉如點之承夫子問也循序而前次宜及點而點獨遲之又久則以其時點鼓瑟也（落句悠然）聞之侍坐于君子請業則起請益則起君子問更端則起禮也點（遊走一筆轉出首句）於時其亦可以作矣可以舍瑟而作矣而點不遽爾也一方其未承

鼓瑟時何以奇胸次作者寔能見得

夫子問而一彈再鼓雖黃農虞夏忽焉已沒猶可于搏拊間曠懷乎聲希味淡而神遊太古淡漠之風及其既承夫子問而一器獨鳴雖引商刻羽闋焉欲終猶將于作止間尚追乎依永和聲而不忘著往餘歸之意維時永懷乎觀止將合手而告成瑟其希矣當響寂聲沉之候而一思夫奮動之初已渺焉其難追天下之情隨事遷而供人之感慨者有如此希也于曲終複亂之餘而復留夫不盡之致遂悠然其自遠造物之無有盡藏而任人之留連者有如此希也即而聆之猶鏗爾焉聞斯聲也其亦有心曠神怡觀盛衰之故而悟盈虛之理者乎而點于時蓋舍瑟而作矣吾人誠理

遂步討奸却非點染家數

亂不知默涉不閒則不繫情乎萬物者不妨留情于一物亦似有

（括含字別自足備義）

不能舍者而蕭然術華乎之儀則舍之夫坐而言者起而行吾黨

之振襟而談者蓋娓娓也而點獨有沖澹爾游之致抑何好整以

暇乎吾人誠去留非所計遺逢不足困則萬物不足攖其慮者一

（何取卸瀾淡之趣）

物何足滯其機點又似無不可舍者而俛焉循應答之節則舍之

夫人靜為福者動為坊吾黨之奮袂而起者蓋紛紛也而點若有

恬淡寡營之意抑何與物無競乎點之志蓋已于鼓瑟時寓之矣

雖然瑟以點而傳而點不以瑟而始重使必因鼓瑟以重點將點

（妙）

不鼓瑟遂無以自見乎點之曠懷高寄固不係乎鼓瑟間也鼓瑟

其偶焉者也

隨處摹寫俱有一段春風沂水意思自是雅人之筆　原批

不着一毫容氣只就題面描寫自有一種清微淡遠之致

鼓瑟希　王

鼓瑟希鏗爾舍瑟而作

西安 王繩武

狂士情見于瑟其氣象已猶遠矣夫點當鼓瑟即瑟可以怡情也乃遺韵悠然舍之而起其氣象不已遠哉今夫不可知者功名之事也不可強者性情之事也人謂聲音之道關乎性情故學者多寓意焉而不知其正不必假器以自鳴也即偶爾之操縵安絃而容止之間有可觀者則其人之性情已畧可知焉如點之承夫子問也循序而前次宜及點而點猶遲之又久則以其時點鼓瑟也聞之侍坐于君子請業則起請益則起君子問更端則起禮也然于時其亦可以作可以舍瑟而作矣而點不遽爾也方其未承夫子問而一彈再鼓

黃農虞夏忽焉已沒猶可于搏拊間曠懷乎聲希味淡而神遊太

鼓琴時何等胸次作者寔能見得

古淡漠之風及其既承夫子問而一器獨鳴雖引商刻羽潤焉終

猶將于作止間尚遣乎依永和聲而不忘著維飾緒之音從時求陳

逐上諸句細描點染

乎觀止將合乎而告成瑟其希矣當響寂聲沉之候而一息夫奮動

家數

之初也渺焉其難追天下之情隨箏遷而供人之感慨者有如此也

希也下曲終復亂之餘而復留夫不盡之致遂悠然其自遠造物之

無有盡藏而任人之留連者有如此希也即而聆之猶鏗爾焉聞斯

聲也其亦有心曠神怡觀感衰之故而悟盈虛之理者乎而默于時

蓋舍瑟而作矣吾人誠理亂不知黜陟不聞則不繫情乎萬物者不

於舍字別有情致

妨留情于一物亦似有不能舍者而肅然從弟子之儀則舍之夫坐而言者起而行吾黨之振襟而談者蓋娓娓也而點獨有泮渙爾游之致抑何好整以暇乎吾人誠去留非所計遭逢不足困則萬物不足攖其慮者一物何足滯其机緘又似無不可舍者而儼焉循應答之節則舍之夫人靜為福者動為功吾黨之奮袂而起者蓋紛紛也而點若有恬淡寡營之意抑何與物無競乎點之志蓋已于鼓瑟時寓之矣雖然瑟以點而傳而點不以瑟而始重使必因鼓瑟以重點將點不鼓瑟遂無以自見乎點之曠懷高寄固不係乎鼓瑟間也鼓瑟其偶焉者也

叢殯

隨處摹寫俱有一段爽風沂水意思自是雅人之樂 原批

鼓瑟希 王

鼓瑟希鏗爾舍瑟而作

江南鄭宗師歲入卞闗生
江都縣學

瑟已闋而舍有聲作者之情與俱暇矣夫鼓瑟既希則業已不鼓矣而舍瑟之聲又何鏗爾乎點之作蓋甚暇也已且天地有發而無盡（悠然見南山）之藏萬物有流而不滞之運而人之襟期浩落者則往往示其意於作止之間方至其時情寓於物也適當其候意餘于器也故即一操緩安弦之素而氣象從容有令人挹之而不盡者說在夫子之總求赤而問及點也夫點固次於由者至是始問及之則以點方鼓瑟也蓋詩書禮樂之側不廢絃弦而考德問業之餘時工搏拊點之鼓瑟亦其常耳維時瑟方鼓則瑟尚未離於點也點鼓瑟則點尚未達于

坐也未幾而琴希矣未之希也而悠然不盡之響出于手指者皆以（追○向○徒○見聞○亦○補○亦○觀）寫其詠陶之適未之希也而洋洋四達之音爲于几席者亦足見其（下○去○序○遠）情性之安至於鼓瑟既希而點尚得晏然乎乃徐而聽之而忽有若（諸○去○發○癡○及○索○引○亦○認○亦○絃）（盡○赤○不○對）抗若隊纍鉤不絕者入吾耳也如在瑟中如流瑟外也靜而聆之而（前○來）簡有若擊若奮鏗鏘忽起者觸吾聽也希者自希鼓者非鼓也蓋是時夫子之問甫及曾點之坐方起卻在御之絲弦而振衣而立則身必與位相離輟當前之摶拊而避席而興則瑟亦與身微激故手鼓夫瑟聲故悠然而手推夫瑟聲遂鏗爾但見其舍瑟而作焉方其未（只○細○箋○組○合○習○意○味○自○長）作也點若與瑟親也適然而鼓適然而希得心應手之樂固爾游于

爾侪及其方作也點若與瑟忘也舍固無意作亦無心聲律身度之
容自不徐而不疾蓋嘐然不鏗之際偶于瑟乎寫之安坐揮弦點即
以是為臣居事業也逍今緬彼微音覺杏壇洙泗之間猶留遺響而
充然自得之致即於作焉見之技業而起點亦何莫非時止時行也
逍今懷彼芳規而琴書劍佩之側如覩德容一噫是又何必待既言其
志而始見其可與哉

體味從容不迫洒落自在意處和渾雅猶有朱弦疏越之遺音原評
風雋是乘其手今人選文有文而無評何也非無評也有評而
一如無評也今評者所以啓鑰也一題自有一題之啓鑰然啓一

鑰而即寓啓，啓鑰之法全在評者之明白透快庶使學者心領神會況考卷之選專對童子試而言既係青衿自必留心墨卷豈屑屑究心試牘故是集中選歲入科入之卷較多于歲試科試之卷致有深意若不揭示消息或至誤入岐趨以致終身困于童子塲有虧陰德良非淺鮮以評選為任者勿徒填綴套語以了事庶不失大道為公之意與

瞿孤穀

鏗爾舍瑟而作　方棨如

聲傳於舍瑟可以觀賢者之作焉夫鏗爾者舍瑟聲也如是涵儀
點豈猶夫人者與嘗謂聲為律而身為度聖人所以為禮樂之宗
也學者以聖人為依歸而見夫大意固有其聲甫離乎樂之器而
其身已備乎禮之容旁觀者徐徐得耳而目之若夫子何如之問
適曾點鼓瑟之希當是時五降不彈寧容煩手三人從嘆詎有遺
音而側而聽之乃忽有鏗然其鳴者或曰瑟也或曰非瑟也其希
顧吾獨疑之今夫瑟之為音也有清焉者有和焉者有乖違焉者
敢去瑟音唇　又一唇
有然焉者鏗爾非其類也吾聞之鍾聲鏗鏗以立號號茲瑟也其鍾

鏘々而一纖使散而不收亦或往而如復而一以為錚々之細響一
〔駭去希音一唇〕
為嫋々之餘音於鏗爾乎何有且曩者由嘗鼓瑟矣吾子以為
〔又一唇并闘其言不壞〕
多死聲也而於門墻而麾之夫鏗爾則既糊以屬矣其去由之瑟
有幾而點又何為於絲桐之間則曰瑟也則曰非瑟也則曰瑟之
〔緊點作〕
希也則曰非瑟之希也點於時舍瑟也點何為舍瑟點殆將作
〔字藏遙而字以兩層遞落之〕
也雖然作則何書乎爾禮有之請業則起請益則起君子問更端
則起弟子於先生固有不必其言及之而摳衣趨隅改容而前者
矣夫有呼而名之而猶泄々焉膝不前於席而頹爾而委者也作
也者常也去常則何書乎爾頃者由先二子鳴由不既作而言耶

顧不書作者何也嗣由而作者為求亦不書嗣求而作者為亦亦不書獨於點之作則何書乎爾曰點非徒作也點之作且舍瑟而

一筆環寫若驚髮然

作也不書之則不知夫鏗爾者之為何聲也然則其鏗爾而舍瑟也是樂之盈而反其作也是禮之藏而進其鏗爾舍瑟而作也是亦行之鳴玉佩而中乎采齊肆夏之節也蓋不待喟然之與而已知其與參爾而對者大有逕庭矣

順經文逐層布詮後乃聘其合而連之細浪飛花采色不定才說鏗爾是按瑟聲便有做成舍瑟鏗爾而作者即古人倒句妙法不傳從鏗爾頓斷借俗解為波瀾舊之剔之析出舍瑟乃愈

參　論語　續叢

子哲也矣。陳秋田作尚似偏而無法在。男超然法

鎣甬舍

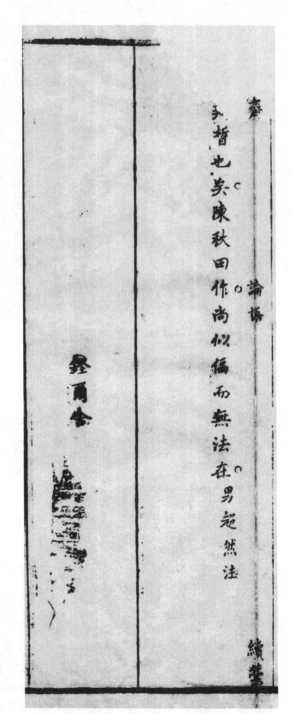

明清科考墨卷集

鼓瑟希鏗爾　之撰

江南學使歲考　溧陽縣學一名　史騏生

狂士不急于求知察其度已異矣夫始而鼓瑟繼而自陳其異點獨無意于知乎何氣象之不佯也嘗謂聖人之于世也其用世之心甚

一語已得賴識

廹而應世之具則甚閑然而得其意者鮮矣蓋人之自處自有性情必謂學聖人之學而拘拘焉共出于一途則是得一二人而已足彼皦然立異之士直相與置之雖其人亦將厚自覆匿亦安能出所懷來而顯自別于同堂之旁也三子論志次及點點方鼓瑟夫以三子號號焉之具矣經世之猷其孰不聞而色動點頭一彈再鼓若以為者點豈以瑟諷與且是瑟也其聲之廣以肅者有兵事焉

乎有養道焉雍雍而大雅者有清廟明堂之奏焉點真不難

取三子之撰（伏）寄之一瑟知或知爾點其操瑟而應也哉而要之點無

意也有瑟在則鼓而已瑟可舍則舍而已舍而作則作而已自以為

異則直以為異乎三子者之撰而已吾聞聖人之學不貴其苟異而

（發言遠詞往往有高致）

亦不勇其苟同謂夫聖賢自有真初不必遽忘其故也世之人執師

說為步趨每謂行藏一轍及用之而又昧其淵源自識者視之則皆

無端之附和耳聖人之教得百雷同之流不若得一矯異之士謂夫

生質不可齊無樂乎失其所近也後之人驚敏華為矜謝非不位置

相高迨試之而忽喪其本來在君子處之何必因人為俯仰乎點之

志誠不知其何如而其言則曰今日者獲與聞三子之撰矣頗點小
有異以二子匡濟有懷自足繫天下安危之數點也不敏寧遂必離
羣絕類自鳴得意於長者之前而無如不容誣其風昔也天苟不欲
古黨以栖皇老三子之出而圖君行有日矣點何多事焉點固有自
為世悅者不識堪為夫子述焉而取而與三子之撰相賞風塵之外
並訛如見其人如聞其聲
否耳即三子草莽伏處已足開蒼生憂樂之情點獨何心竟以高致
且情甘同所學於空疎之列而正不欲故掩其岐趣也天苟不使斯
人以見志終惟三子弘也遠謨斯亦足矣點則未遠焉點自有相為
人亦果堪為夫子聞之亦或可與三子之撰並存天壤之間云

點應對從容鏗爾之音未絶繼三子亦悚聽焉益點之氣象

補○點○鏗○爾○神○致○絶○佳○

駸々乎可進于中行矣

通場之病首篇前半幅借瑟字翻上三段後幅將撰字點上三段平衍既無意味實發又侵下文至次義尤不得要領不將許行換入即把孟子糾纏窮窘之態一望可閱似此清疎古折之筆直欲追古人而出其上豈獨俛視鷄羣田學使原批

借瑟字翻上三段是俗意將撰字點上三段是俗格脫盡蹊徑只空爲異字曾次高妙放言落紙乃爾氣韵天成學者從此種文研味先洗清腸胃中塵土久之自妙氣來宅風格必爾出拔否則熟

才情爛熳不免似屠沽兒吐屬終其身不能與風雅親也

鼓瑟希

史三

鼓瑟希

江蘇李宗師歲覆
入泰州學四名 朱玉如

狂士寄情于瑟、可希則希也。夫點之鼓瑟、其適然耳、承子之間、將則已希矣。可鼓亦可希、點何心哉。嘗思不學操縵、不能安絃、則歌風詠瑟、意亦學人所有事乎。顧情託于器、而器寫其情者、亦或情寓于器。當遠韻之既宣、而偶焉間歇、安在非邈緣須臾之一會也。點爾何如、何獨後求赤而問、維時點蓋鼓瑟云。今夫詩書之側、君子無故不離琴瑟、以彼穆然深思、畢然高望、即偶寄于音、亦不禁僩乎其自遠、第見如抗如墜、節奏方調、中矩中鉤、從容自適、點意在瑟乎、抑不僅在瑟乎、所不得而知、乃久之而悠希焉、其鼓也

（僩白瀟）（傳仍）（文境蕭）

非有心于鼓而可鼓則鼓其希也亦非有心于希而可希則希而
固竊于此有感矣天下無動而不靜之機亦無行而不止之象浩
此段大映題鏡
浩者何時已乎見其大者一動靜之形乃受之以靜而寂然者遂
相遭于淡泊夫瑟之鼓動象也瑟之希靜象也動者不能以常動
無何而後靜焉斯循環之理之必然者也即斯瑟也可悟造化之
傳神題外公
機而知動靜之迭乘者有如此希矣滔滔者長為徙乎觀于游者
老頓巾
一流行之勢乃受之以止而闇如者遂率歸于無為夫瑟可鼓時
妙甘
行也鼓可希時止也行者不必其常行未幾而自止焉斯徐復之
數之適然者也即斯瑟也可通萬物之象而知行止之隨時者有

如此希矣夫瑟可寫心聲為之鼓々可暫歇瑟為之希聲與瑟相
習也而相忘意早深下一彈再鼓之外方鼓之先脩然意遠及希
（向可意会而得之）
之候別有神留瑟與聲相形也而相渾情且傳于絲桐不御之中
抑開戶太音聲希彼言其始非言其終也且言聲之希而非鼓之
希也疏則含而條離續焉若斷豈其鼓之希而聲亦希乎乃餘音
（落下亦易聯有致）
嫋嫋不絕如縷殆猶鏗爾云
不僅僅于描頭畫角中二股借瑟指點傳題外之神下莫春數
語但覺燈在帷中光影搖動　東發

鼓瑟希　朱

鏗爾　任蘭枝

聲傳于既希之後、狂士之無心也、夫希則不復有聲矣、而鏗爾若別相繼而起、此其為狂士之度乎、閒之草木無聲或撓之鳴水之（此例借切絕奇絕佳）無聲或蕩之鳴、此皆天地間自然之音也、故雖絃絲之奏曲已一成而周旋几席者、尚有雍容之致、則爲目者轉而傾耳正于無聲而若有聲焉、如點之承問而鼓瑟希也（瑟字只領題一見）、前此飒飒乎入耳者、點寔調之遊操緩安絃、已成往事、何以不調而成韻乎（即入題）、以簡而彌覺其清、總之嫋嫋而漸疏者、點寔收之、則高山流水、豈有留遺、何以既收而復鳴乎、一往而不繼者、惟待此者覘其容止、聆其聲音彷彿、乎告闋之餘條焉再數依約乎曲終之亂更有一彈則相傳以為鏗爾云士人抱非常之具者得表見乎清時則揚其聲以鳴國家（考抒鏗字營筆玄暢）之盛而鏗鍧鏜鞳勁而直達者其象為號令之嚴其節多振興之氣所謂大叩之則大鳴也此粗厲猛起奮末廣賁之鏗然者必其為金石之聲也而縣于世時初不如是之發揚也吾黨志二代之業方欲抒懷于師友則綴其業以循弟子之禮而鏗鳴清越斷而（是含瑟聲上下文都在）似續者不湧躍而自覺和平若鞿轡而循餘別調所謂小叩之則小鳴也此寬裕肉好順成和動之鏗爾者并不關徽軫之響也而點于斯時適有如是之從容矣盡疏越之材求取之有聲之本當

大絃音既獨之時絃已静而桐亦由之而静則其音詳不必[illegible][illegible]復然以遠者亦為宇宙之化機豈必如鼙鼓分倚而凱歌有餘易止霖已沛而葦籥有餘音也即氣容之肅自必其聲容之寂乃于相對忘言之頃指不揮而手若徐為之撫則其不絕如縷而悠然可聽者猶是中和之妙用不戢于朝而退食初離纔纔之響徹而受服還憶鏗鏗之聲耶蓋瑟已不復鼓矣而鏗爾之聲則黙之舍瑟而作也

華峰先生云舍瑟而起致令有聲氣象亦欠從容不如舊評然得此論極有見地然操觚家蒙上易連下難但作餘音偏偏似

應試小品觀　論語

避難趨易。不能出色。倒裝逆吸。以逆時好。則此作之叩寂求音。極風雨離迷之致矣。邵庚濟

鑿爾　紙

鼓瑟希鏗爾　　李孚青

聞言而操縵者音止而聲更可聽也夫點承子問宜鼓瑟之希矣鏗爾非鼓也其靜不更可聽耶嘗謂音之變也由乎心而声之發也從乎器故無憂然而鳴亦必無颯然而止蓋耳動于外而心隨之矣心感于耳而手應之矣此由於心者也乃手赴乎心而器猶有傳之矣此從乎器者也如四子言志而子問及點爾何如點始思點之何如也時方鼓瑟也當是時即若由若求若赤亦且傾耳以聽未聞之前其鼓瑟也不知于何而始也既問之後其鼓瑟也不知于何而止也方其聆其疏越之音驚觀其滑狂之韻不識兵農礼樂之語亦足

（曲折分明）（課蘊下音思二字）（辛意神妙）（氣遙）（伏下二字）

入點之瑟音也乎而驟覺點之瑟音非猶夫初也而徐覩點之鼓瑟方不是意

音希

非猶夫初也耳不覺淵然而靜心不覺悅然而遇手亦不覺悠然而

從然承夫手之間蓋希而使切鼓字意

遲也若掩若抑而趣已流于絃之外者音僅振于絃之末方聆其宮

商之既調旋覺夫撫弄之不足轉聽夫靖澗之晰微也作合作離而

音尚凝于手之下者神別注于手之餘聽餘音之方終已由宣而將

寂推不絕之如縷乃疑斷而還留超然心手之外別有無声之點脫

藏得含瑟二字方并得絃開清　承上搭下補點之意手

然心手之間僅覩有声之瑟蓋音作而頓間者聲雖希而猶聞鼓瑟

乃聲斷而忽續者鼓雖絲而尚間繼爾矣有声者忽返於無声而成

舍入上分

聲不可謂非瑟之未離乎鼓也使瑟本未嘗鼓安所得此聲也然而

已離乎鼓也此声既不在點亦不在瑟猶在點於何獨前此有聲蓮見在瑟而何獨後此無声也無声者頓遠于有聲而成声不可謂非鼓者之未離乎瑟也使鼓者既離乎瑟何猶有此声也然而鼓者
擲縱覓且[illegible]離所異希[illegible]不同
已離乎瑟也此声亦復在點亦復在瑟謂在點而微激之音再收謂在瑟而激越之聲忽作也彼若由若求若赤聞瑟之鏗爾而知點之鼓瑟已終也于是舍而作作而對瑟音猶在耳也而點則遠矣

鼓瑟希不作瑟音希鏗爾作捨瑟声不連上句題解極合先儒丘正慶曆以來相沿之謬若其思理入微復奄有葛黄諸作之長鏗爾如作瑟音之希安頓極易今作捨瑟声與上不連則聯貫其讀者且舍變在下須玩其理蘊之工

鼓瑟希鏗爾舍瑟而作　　歲入臨漳二名　呂不爭

觀狂士於鼓瑟之餘而音與人俱遠矣夫侍坐何時乎而鼓瑟也而希而鏗爾也舍而作也此點之所以為點云今世所謂狂士者其風期可知矣曠懷高寄時托雅音云云自適耳迨觀其雍容中節復不少類于踈放者之所為嗟乎彼得聖人而師之而一舉一動宜其如是哉由求赤序對而點方鼓瑟斯時也夫子不及點乃云若不聞諸予之言也者而一彈再鼓點也有情豈復在人意量中乎或曰絲聲庶以立辨而點素狂也鼓瑟胡為者雖然朱絃而疏越有遺音者矣君子調情而適性由此具也點鼓之云猶學操縵之意云爾非必其有托而逃者也而詘然其中止點其有持盈之道乎天地之序成功

試牘文升　下論

者矣孰榮治而不彫孰響流而不歇然則瑟之希也點自有獨得其宜者而夫子之問亦適與相值云當是時四座蕭然餘音嫋嫋徐而聽之鏗爾者若可接也點為之瑟為之也然瑟亦安能為哉喜心感者聲和怒心感者聲激假令由求操絃公西按節而氣志既盛又烏覩留不盡于造物者乎而舍之而作抑又可思矣夫不能為舍者弛功之士也力能為舍者高蹈之子也舍旃舍旃所謂幾者動之徵乎是未可知也而觀點者亦必淺正不必深禮有之君子問更端則肅容而起辟呼而前執云古之狂也肆而欲倚徙于函丈間者其作也蓋茲敬也噫大聖匡坐于上群賢敷奏于下而獨有人焉其靜也若遺其動也若隨素絃在御餘韻颯然點爾何如吾為神往矣

高曠之語甚以醒世

古趣油然

批　質而與幽而秀似昌黎聽琴詩

鼓瑟

呂

下論

鏗爾舍瑟　之撰

晋江于中尊科試童生第一名　佘克揚　爾尚

音餘而致暇，可自明其撰之異矣。夫鏗爾而見於瑟希之後，餘於音也；舍瑟而在於方作之先，暇其致也。是不可自明其撰之異乎？且士而天懷獨别，則有餘不盡之機，觸處皆流，其間暇何必自明其異，亦何在不形其異哉。碩鏗鏘雅韻悠然者，未離乎絲桐，作止從容飄然者，暫辭乎摶拊，試與想其機神之活潑，覺同而同之一堂，共見其異也，異而異之一已，亦難必其同也。異哉！點當三子之有撰，而鼓瑟方希也。夫希則曲已終，者音亦歇，素欲抒者神亦呈，寂乎無聲，避席而起，亦其常耳，曷足異？雖然，異音不絕，嫋如縷矣。

全題在握

便開未雨

殷意

斬關手

乾籠淡雅

興至而鳴興盡而止（點水蜻蜓）異也不足異也徐而聆之而抗如墜矣而絕復續矣斯何聲也者曰鏗爾也先生問唯而起矣業則投之終則對之異也不足異也靜而窺之而官欲止矣而神欲行矣斯何為也者曰舍瑟而作也噫異矣（緊甚）異乎三子者之撰矣於是而知其撰之異也（天外兩峯壁立千仞）有共見者焉有獨見者焉造物無盡之藏時物悄乎無言行生昭其難老惟懷抱迥殊者能領此意也音餘於器而悠揚之（詮異撰處仍不脫）機若留解人以可索器睽於手而雍容之度如托深情以俱傳縱（上三句手法嚴密）雅懷未訴而聆音觀象覺味淡聲希獨寄太音于皇古兵農禮樂之任殆將以一瑟空之也想三子環坐靜觀應亦覺古調獨彈者

非我同操寸心自得之致鳶魚露其真機天淵呈其妙趣惟襟期獨別者早契於微也情溢於音而充然不盡祗在局中之自領身離乎器而好整以暇漫許旁人以驟窺縱孤衷未陳而逸致徵音

得此雅音可以忘倦

覺一邑一官轉見氣象之泃容中和位育之故殆將以一琴會之也即在黙也撫懷黙証亦殊覺事為勞心者非我同調一噫異矣匪

收繳緊嚴步合法

異乎其鏗爾也匪異乎其舍瑟而作也而寔異乎其撰于三子云爾是知流餘音于絃上已不同乎急遽之為抒逸致于當躬又迥別其應酧之舉是何待既言其志而始知其異也哉

中尊于老夫子原評

鏗爾

繼軒試草

上不貪發下不糾纏鑄局措詞居然大雅洵温陵佳士也鵬翮
高騫吾將拭目待之

鼓瑟希鏗　點也　宋衡

（正意冠通篇）

得中和以為志聖人以無異異之焉蓋瑟聲希中和在抱矣莫春（點出時中得聖）數語所以與聖懷有合乎則異而不異也且天下惟時中之道足（賢獨契精微不識元度）以鼓太和而不自知亦惟時中之人足以共千古而各得故三千志而點與夫子若要其成也如點也既承夫子問夫點狂者也（備藏與宗）（點逗入神）倘所謂可截中行者其人乎乃爾時鼓瑟也意中似無三子也及（異字提綱）舍瑟而對也意中又明知三子之撰也爰自以為異而請之且夫（異字妙解）與亦何傷無可無不可夫子不嘗自以為異乎如是而異將為見（此是志本）也濳可也無往而不偕乎時無往而不協乎中也點狂者也

皆乃此聖乃自然言之莫春々服異乎無異也冠者童子異々乎
一〇半〇如〇羊〇角〇扶〇搖〇
無異也風浴詠歸異乎無異也惟其無異是以有異也異者無不
此〇即〇老〇安〇少〇懷〇之〇言〇
足乎己而俯仰廓如矣天地皆吾度內萬物供我取攜浩々乎人
與我偕適焉即此流水曲肱中而襟懷自遠異者初無待于外而
此〇即〇仕〇止〇久〇速〇之〇時〇
世坦如矣帝斂可慕而不必慕王猷可懷而不必懷曠々然特
始〇到〇時〇中〇之〇融〇
與物泼對焉即此適性陶情之地而氣象自如吾夫子聖之時者
也點其與時偕行乎宜夫子喟然嘆曰吾與點也而後知大道之
前〇後〇幾〇兩〇神〇龍〇夭〇矯〇
行々以此三代之志々以此點非狂者乎抑偶爾見及此聖歟學
狀到異字
言之自得其異乎與之正惟無異也

此題最惡寫作一幅春遊圖。將聖賢用舍行藏大經濟大本領
混衍過去。因呼童再索筆。意欲勘透此題。未知合否。自記
曾點蓋未能隨時處中。而莫春一段氣象。都與時中大有理會。
朱子謂他大本大原有箇見處。正為此。自此文拈出與守十分
真切十分融洽。究亦只以狂者偶見及此。扣定曾點身分銖兩。
不失其文境之活潑流行。頗有鳶飛魚躍之趣
鼓瑟希 宋

鏗爾

浙江帥學院歲入溫州府一名 胡 乾

留不盡之致、鼓瑟者志宛自肖也、夫鏗爾者瑟之餘也、點獨留不盡之致、其志不相肖哉、今夫樂之作也。摹其盛者以爲纍纍乎若貫珠。是知若續不絕。乃所以留太和于無窮也。而儒者得之鼓歌弦誦之下。非有接時生心之趣。則其自具之太和。恐無由自寫矣。如點承夫子言志之問。鼓瑟既希矣。希則其將閒也。倘稍縱而即逝。焉能保其一離而復合乎。雖然、有進天籟相吹。有萬而前者唱。呼後者唱喁。不啻環中之應無窮也。人心鳴於希平而歌也。有思哭也。有懷亦如朕兆之莫可窺尋也。一音相生於瑟之中。韵獨留於

揄○揚○之○聲○依○稀○者○外○餘○音○

處○始○點○氣

四坐莫諠○

二○語○可○作○點○由○二○字○

賦

瑟之外驟而飽之冷冷過我轉覺味之而不盡聲運轉於瑟之外

二吾暑鏗

而響且徹於瑟之內徐而接之隱隱來會祇覺探之而莫測夫非

猶是點之瑟也歟哉而無聲之中獨能聲聲點寫瑟即瑟寫點即

其有機緘而不得已即而已難狀而擬之抑非猶是點之鼓瑟也

歟哉而無聞之中獨能聞之瑟肯點即點肯瑟抑意者和以天倪

點製不奇

而不自知即而已難曲而繪之當是時蓋鏗爾云淡而靜乎漠而

風浴童冠此間已寫出片吉光

寂乎怨而其官知止其神自行手揮者旅且目送凋乎其居也寥

乎其清也餓而入不知其所至来不知其所往心適者亦調自和

古宕

或為陽春歟或為白雪歟憶嫋嫋之動聽惟點鼓斯瑟惟點和斯

曲其在高山歟其在流水歟想綫〻之不絕唯點鼓此瑟唯點知

語本珠環寄意遠深游心玄遠

此音意野馬也塵埃也生物之以息相吹者殆鏗爾之音乎而點

意轉章脈

不已可與造物為徒乎世有知點者點不妨作而曰我有待而然

趣極

者耶且少安無躁也

竟作琴賦不得竟以此贊點不得作天際真人想且少住為佳

耳此文殆移我情　原評

個中消息弦外依微急索解人不得　吳芷汀

原本腹笥極力摹寫而涉深處寔又復比比變化非徒組織之

丁.○

鼓瑟希鏗爾舍瑟而作

周尊望

狂士之託于音也而作止皆有度矣夫點方鼓瑟承問而作宜也乃由希而舍而後作焉聆鏗爾之音而知狂士之寄情遠也吾夫子彈琴而見文王申甲天天之度每流露于起居動静論者謂中和之氣見于容貌時中之全體可徵窺也不謂士之狂者亦能托聖人之雅奏而廻翔容與悠自然協于則焉則狂也不已幾于道歟三子言志已畢點承于問其躑然而作乎維時方鼓瑟也而至是則已希矣心與手之相調也志之所至氣亦至焉其緩與急手不自主也有主乎乎者矣試觀樂志方濃而倏焉告闋其不疾

不徐耶點未嘗出之有意也而旁觀者正不得以無意置之手與絃之相習也官之所止神欲行焉其舒與促絃不自揮也有揮乎絃者矣試觀意與未闌而劃然暫歇其若寄耶若踈耶點未嘗出之無意也而旁觀者正不得以有意目之蓋鼓瑟之希點以欲作者殆而為此也乃瑟音自此遠矣大凡聲之入乎耳也無論已往與將來每投而輙已其已焉者其情于是止也而兹則超然引矣恍兮惚兮之際有遺響焉令人挹之而有不窮之致凡音之感于心也無論可歌與可泣每過而不留其留焉者有挾以俱來者也而兹則穆然深矣倏遠倏近之中有餘韻焉令人擬之髣髴名高

之工鏗爾之音點以猶未作者然而瑟舍矣然而點作矣論絲桐之適志則瑟方鼓矣似不即舍無何有促之以舍者點不舍點不作也瑟已離乎人人即離乎席其北面而執弟子之禮者覺請業之餘不敢安絃之素矣論偶然之寓意則瑟可鼓也而即可舍而況有激之以舍者點之舍點之作也繼三子之後承大聖之命其佇立而就有道之正者覺操縵之士旅踵為請益之儒矣是則點瑟為予聖門點若安之點已自附為知音也而方希之調悠然不竭者已居然樂之同和而承問而後輟絃聖亦安之聖固不拘以曲謹也而作止之餘雅容有度者又儼然禮之同節此豈待今上

其志哉。而氣象已頻無矣。

業師周楓村先生手不釋卷、其行文風發泉湧、每于風簷寸晷、有兼人之力、甲辰釋褐、仕閩中羅源令、卒于任、詩文多散逸、爲刻一藝以志不忘、文 [illegible]

鼓瑟希鏗爾

杭郡泰太尊歲覆　段元鉽
錢唐第三名

不遑再鼓者瑟有餘音矣夫鼓而未希瑟固自成其聲也乃既希而鏗爾傳焉點不悠然神遠乎且宇宙間惟此盡而不盡之致以常留于無既斯已耳驗造物之化机往者既過而來者後續觀人生之事業前人已往而後人復來宇宙間何莫非此盡而不盡之致以常留于無既乎而不謂斯意也點已得之夫子詢諸賢之志而獨後于點蓋以點方鼓瑟也儒者音律之嫺默通于情性學人抱負之具動中乎聲音然依永和聲既恐以膠柱之見一往而不返安絃操縵又慮其悠遊之意一發而無餘惟時點承子問其

（原評：文亦氣靜從容）

以流連而不已歟抑將遞然而輒止歟然而希矣手不復揮矣而手懶而靡不與之俱輟者偏欲往而仍留遲希矣絲不箴彈矣而絲歇而音不隨之偕歇者已將絕而復續蓋相傳以為鏗爾云天地

筆舊題寔寫得出一種動靜往來隨變之満意具

循環之運不滯于有者亦不淪于無此固本乎翕闢之自然而非人事所能彷彿也乃不謂引商刻羽之下亦若有所止而不膠有所留而來已官知止而神欲行相引在無窮之際則光景所呈恍若悠然而見以天地之心聖賢功業之昭時止則止者亦可久而久此則得乎行藏之固然而非器物所能傳寫也乃不謂審音協律之餘亦若無所繫于意中有可傳于意外假諸物以善其鳴聊

寫其不盡之趣則氣象所流不禁穆然而睹乎聖賢之學將謂聲在鼓之餘而不自鼓中來也將謂聲以希而寂而又不因希即止

縣一濟聲平神月怨開遠

也則餘音嫋嫋不絕如縷縷也而寓夫金焉尔時之絕而未絕者殊覺形神之俱遠將謂叩寂亦能成聲而希者本未嘗寂也將謂無聲亦可言樂而鏗然非泯于無也則餘韻悠悠引而彌長桐也而憂以石焉此際之墜而未墜者殊令意況之移人人蓋內聲既闇

文亦移躁胥化

肅繹徜傳舉一時移情躁氣之懷于焉胥化且聲在座間神傳空際舉人世務功競名之念倏尔潛消惟時與撰一對若與瑟希鏗之音吟然俱善云

亦黏不滯極得狂士胸襟而氣度從容丰姿秀逸的是雋才

原評

手神聯宕綽約自妍藤 |

鼓瑟希　段

鏗爾

福建汪學院科覆
南安學一等一名侯懷遠

聲流於既溢、情之傳其無盡也、蓋有無盡之情斯有無盡之聲也、瑟之鏗然於既希、不可即聲而想其情哉、且聲音流露不必盡屬天機亦未嘗不默運夫天機、蓋其始也器以形調其可以溢乎外者仍涵乎內、而其絲也聲以情遠、不必有假夫物者、乃緣夫音是知神與機運、機與致衍、乃知韻之流連、動聽莫非情之流露於不盡者也、知點承問鼓瑟既希而吾黨觀之則見其希而仍未希者由靜之動者自由動之靜、瑟之既希、點非投瑟以靜乎、乃點與為靜而瑟仍留夫動、蓋不啻其有遺音焉、自寂之感者亦自感之寂

遺宗筆墨

提筆清奐

瑟之既希非瑟之還音以寂乎乃瑟欲其寂而音仍緣夫感叢下（轉曲自然）會欲終一曲焉夫訢然於手離别指上之調而嫋然於耳仍流絃外之音斯時之瑟蓋鏗爾一物情雖工必不能工於寫意外之意則以其餘焉者情雖可傳而在物情終難曲繪人情也若點瑟之既希則其情之可以瑟傳者不屬意外之意乎而瑟則偏為寫矣非（是剝論亦是催論）息機之鳴預洗職心而流連其鏗爾也是豈瑟欲緩點以稍紓徐使點會夫兩間原有不盡之致雖在絲桐亦喻微言耶不然何瑟之工能以音外之音寫點意外之意使點與之俱韻也至情雖永必不能永於聯聲外之聲則以其盡焉者間雖可續而更有動情

旦將置為別情也若點瑟之既希則其韻之可以情留者不屬聲
外之聲乎而瑟則偏若聯矣非繼餘而不已恍氣息之相吹其鏗
爾也又豈瑟欲遲點以領靜機使參驗夫几席與見盎然流溢之（現奇变化儀）
趣雖在當幾亦裕妙義耶（二解異常）不然何點之永能以情外之情聯瑟聲
外之聲使瑟載點以呈也大抵由心而生者亦由心而延以點不
盡之情而注乎不盡之音則其可以心而瑟者亦可瑟而心（名言）假令
點猶與瑟依而瑟即遂於點契焉在其有不盡之情即有不盡之
音也故惟心與瑟孚而瑟為心媚其鏗爾者如在瑟中焉如流瑟
外焉餘韻裊裊且終繚繞於杏壇抑其由神而發者亦為所而留

考卷醇雅初集　下論

思致不窮

以點悠然之情而融為悠然之韻則其見為瑟而神者皆其神為
永假令點猶與瑟緣而瑟遂不與點應烏在其有悠然之情即有
悠然之韻也故惟神從瑟鐘而瑟為神使其鏗爾者若為瑟詔焉
若為點韻焉餘情繚繚且將并傳夫物景信乎聲流於既溢情之
傳其無盡也吾黨得不為之穆然意遠哉

立義精深絕無浮蔓反說正說俱有刻露之言　原評

摹聲色易抉神理難昔人文貴有生氣也從題字寫出狂士瀾
大胸懷不屑屑於皮膚上註箋逸趣橫生才思飆發　薛聖葉

鏗爾　侯

○○○鼓瑟希

江蘇張學院歲　姜之珩
入泮丹陽一名

命甫承而瑟已聞、狂士之神暇矣、夫點方鼓瑟而承夫子之問、則其希宜也、點亦何心哉、且夫聖人之門○莫非匡坐鼓歌之士也○頗有時共証同堂而揮絃自若甫承師命而問歎無心蓋即此撩、縱、之餘而逸致閒神已有可想見者已有如夫子之問點也斯時點方鼓瑟也聲音之故足以陶情故即因所鼓以遂自然之性而此外無所容心絃歌之化足以致治故即因所鼓以裕禮樂之原而吏治非吾介意點之鼓瑟或即其翻如之具乎而其承問而希者非也想點之鼓斯瑟也悠然如見天地之心則托于瑟以發其藏

補出一層

而上下同流歟時偕行者即于斯可想也乃于鼓焉見其發舒之（氣納金音于）

（三字中可謂奇而法）

象者復于希焉示以斂藏之意而一鼓一希固有因時變化者矣

抑默之鼓斯瑟也恍然如見萬物之情則假於瑟以鳴其豫而天

下一家萬類一體者又于斯可會也乃於鼓焉著其樂育之機者

復于希焉示以樽節之宜而一鼓一希無非純任自然者矣是故

（二鼓一希前半說出分數）

未問以前何必不鼓也兵農禮樂各有專司而胡必率爾自矜改

吾捺緩之素則一舜再鼓具有九闕服之情既潤以後何必不希也

知名勇功皆期自見而豈其酬酬知無具安吾絲竹之常則或鼓或（二股又）

希皆有渾忘之致點之氣象分形于瑟而我心如寫乎無所與乎

鼇頭錄

（明以爲）鼓亦何所與于希卓犖者止如其素而已足（[illegible]）浩浩之襟懷流于瑟而曠然愈遠乎鼓者既不滯于音希者亦不膠于器優悠者自樂其天而有餘鼓也希也點無心也昊即點之志也夫乃瑟之餘音未寂也而聖人之慨喟先深矣

中二股全象具呈已通與字消息得小題大做之法　原評

納須弥于芥子牽一髮而全神俱現文以識高信然　管聿修

論語

鏗爾　肖刻他氏　　　涂學詩

瑟有餘音令人忽狂上也夫猶是瑟也鼓之終而鏗爾焉即此不可以思點乎且學者晤言一室往往賦詩而知其志彈琴而見其心是皆有托而傳焉也若夫得之心者非有所不足而應之手者自見為有餘識者謂其人之寄托正復不淺爾點承夫子之問鼓瑟亦既希已希以言乎其微也微則勢不能以復張同其音往矣清風徐來夫音之往也亦孰得而留之而若或留之固知往者之猶未往也希以言乎其間也間則情不能以史舉曰一闋終矣夫闋之終也亦莫得而挽之而若或挽之固知終者之如未終也迄於今瑟聲

其聲以翔之
不可得而聞也然當其時發聲固可得而擬也盖鏗爾云閒以大
樂始於無聲然始于無聲者樂之體而終于不匱者樂之情也點
之瑟其會心獨遠乎不然何婉婉者縱而多風也夫天下事莫遂
與○點○遺○理○隱○然○言○下
乎其盡耳酬知者之往而易竭亦猶撫器者之發而無餘聆該鏗
爾亦可知狂士之餘音不在風塵以內焉爾聞之元音出於至靜
然音之動也其先必有靜象而音之靜也其後仍有動機點之瑟
其一往情深乎不然何悠悠者不絕如縷也夫天下事莫貴乎有
徵○瑟○川○參
餘耳聞世者留餘地以行處亦猶撚縷者留餘韻以自娛聆瑟鏗
爾亦可知高人之逸響寔本之性情之閒焉耳有絕即有續者理

〔鼓瑟希〕鏗爾（論語）　涂學詩

也鏗爾云者未嘗鏗也而自不至于絶非金非石何餘韻之感人
一至于此乎鼓之者深遠而聞之者流連維時三子亦曠然以觧（映起異拱巧雋）
而未識鏗爾為同調焉否也有聚即有散者勢也鏗爾云者疑於散
矣而尚有所憑以聚為緩為紘何風流之不絶一至於斯乎鼓之（映起與照更巧）
者不覺其思深而隱之者惟恐其或盡維時夫子亦默然以會而（雋）
未識果為賞音焉否也一至今登闕里之堂如聞鏗爾之瑟竊不禁
低徊曰世有知狂士者此音亦足以酬之矣
寓曾點身分于他句中易寓曾點身分于此句中難何其精于
寫照也李龍眠白描愈肖愈細愈入愈元文乃逼似

鼓瑟希　三句　　曹鄒蒞

即鼓瑟而詳誌之人以瑟侍矣夫點方鼓瑟而問已及之則由希而鏗爾而舍其作止固迥不猶人哉今夫人有因寄所托而性情與之相喻者固不必在遠也亦豈必待其自言之我動靜之間（悠然灑然使人神追彩想）而若或遇之耳目之際而如或傳之一堂之上遂覺氣象之迥別矣如子以何如詢點已夫點以齒爲序則子路之詞畢點當作而（全一段處處布置）以次對矣第必待求赤哉然而點若不知也子亦不言也則惟鼓（實寫鼓瑟爲此補敘）瑟之故也一彈再鼓而殺闋函丈雖在聖人亦弗擾其肅歌自得之情安絃㩳緩而韻流四座即在吾黨亦深欽其優游自適之素

乃問已及之而點也有懷盖亦將作矣則見其詠之希也手離于絃其在若斷若續之候乎且聞其瑟之鏗爾也音離于瑟其在欲盡未盡之時乎旋見其瑟之舍而作也瑟與手相離而身與手俱起久何一止一作之有餘閒乎而吾竊有思焉夫人苟未遂其所欲則欝欝為懷而中多感慨輒不禁其不平之鳴若點也意幾忘言自手揮而目送鼓猶在耳亦官止而神行盖其度之和以平也遠遠乎躁心釋矣抑人苟自負其所得而詡詡自喜則一往無前遂傳之為亢厲之響若點也師友之周旋與意與鳴絃俱化閒居之抒寫物情與道氣相關盖其氣之舒以安也藹藹乎雅韻呈矣

二比領取曾點大意有落花無言人淡如菊之致

澌時也絲桐流象外之音矣至激昂而慷慨動履多雅人之致儒魏容與而徘徊吾不知夫子之視此為何如抑不知固堂之觀此其何如也盍將言之情形已在若近而若遠而無心之意象高覺不疾而不徐然則點之志早于一瑟露其端矣夫昔者由之鼓瑟也夫子驚聽焉得毋有率爾之象乎以視點之瑟為何如也試進而觀點之言

（手揮目送空處傳神）

（切以淡華於取）

盆花浮紅篆烟繚青無問無答如意自橫以坡仙羅漢贊寫狂士鼓瑟圖其一種清曠夷猶之致所謂空山無人水流花開此八字還許人再遺否　孫咸三

鼓瑟希

江南張學院歲入睢

丹陽縣學第八

手暇于鼓者情亦與之俱暇矣夫瑟之方鼓不假于手也遂承子問而鼓以希焉斯時曾點之情不與手俱暇哉嘗思樽俎之事與乎性情則絲桐在御固學者所兼識也然由靜而動者情傳于搏拊之餘而由動而靜者意會于絲絃之外是以一承師命而操縱因時已不言而自喻乎手也如夫子次山四問來亦夫非以點方鼓瑟乎方其鼓之則悠然不盡之致寄于十十漙者自彰其陶詠之適方其鼓之則朱絃疏越之韻流于十指者只見其舒寫之機而乎夫子之問已及則風韻難忘自覺敢携之甚便何必于嶷乎

○亞○倫○鼓○字○夜○爛○市○字

夏評焉

蔡○落○稱○序○鐵○以○發○字

許○意、反、神、仙、品○在

於發情一有懷欲吐恍若會心之不遠何必於一鼓寄其旨趣第
原許出希字眼底
見鼓者不復鼓而徐以希矣豈真慨同雅之無人而操縵安絃竟
降然置之一旦乎而非也蓋瑟雖猶在于手而手已無意于禪榻
趣高動靜致參矣亦有餘散安
對鏡苦而聆然意遠已可於下數之餘想見其徜徉與爾游優游爾
徐之度神豈欽知音之難覯而一彈再鼓竟悠然棄之服外乎而
群讓無之虛
非也蓋手已離于絃而絃無所於徽靜觀自得而座有餘閒亦可
見異子三子
于聲釋之餘然會其無然畔援無然歆羨之心蓋惟天機清曠斯
語本朱子原仁
無所凝滯于中可以鼓而鼓可以希而希即一瑟而意必固我之
違億合桂出不敢為之未其氣象不牢意政於游化
見猶忘亦惟性體靜虛斯無所係戀于外時當鼓而不至于希將

可希而無事于鼓即一瑟而時行時止之意自見得之心而應
手從容暇豫超然于塵世之表手已輟而曲亦終飄然餘韻猶留
未○了○云○有○用○於○千○以○表○氣象○
於几席之間甚遠矣非復三子之可同語者矣
各理動鬱飄然流韻有餘萬大家風致　張葯齋先生原評
雲無心以出岫文之況味似之若寫不出雍容暇豫氣象非惟
與曾皙不相類亦與題情不相稱矣○妙即鼓希上覺得意爽
要開不夠已自異於三子不必待吐辭後方堪吾與彷像清蔚
之瑟未終而疏越有遺音者矣○文以氣韻生動為上是題尤
以筆墨脫俗為佳俗下蔓弃瑟字雖講殊稀正昌黎所云操觚

而言齊門瑟雖工如王不好何矣何必絲與竹山水有清音者
以擊似斯作。小註意是一節全解作者正須善會硬入天地
萬物發合同流得齊以為循聲而響臻不知其膠柱而鼓瑟也
至閻若字則云自示欲藏發鼓字則且借上譁賁庸得免何羅
之獨瑟僅乎　黃孝存
大雅絕俗風韻翛然目送手揮亦見大意　黃鐘評

鼓瑟希鏗爾舍瑟而作

許國

觀賢者承問之氣象而所養可知矣夫有問則起而對禮也鼓瑟方希而舍之以作鏗然有餘音焉此何待其形諸言而始知樂天之志哉且夫道具于性分之內而流行于日用之間故不必得國而後可（從大處引起是乙丑前局度）行其志也而一身之氣象道斯寓焉亦不必言志而後可發其蘊也而一時之作止志斯形焉（知題）方三子言志之時正曾點鼓瑟之際聖問（挑動詠字）之有待而未及也固以其瑟之未希也曾點之侍坐而自如也亦以其言之未及也迨夫三子之志既以次而畢陳而曾點之瑟遂于是而少間斯時也使躁心勝者將急于自陳固不俟其瑟之終而忽心

入者或輕于鼓瑟亦不進于瑟之舍矣夫惟點也中和之蘊既預養
于善誘之餘而雍容之度遂游著于承問之頃自其瑟之希也時可
以舍而舍焉搏拊之弗事猶鏗然有不盡之遺音而未希之先固不
容以遽舍也自其瑟之舍也時可以作而作焉周旋既有容且鏗然
有不絕之餘響而未舍之先亦不敢以輕作也雖同揆兼而起此答
問之常也然心和則氣和而造次之下無急遽之態蓋不惟體比于
禮而且節比于樂矣雖同避席而興此應對之節也然氣和則形和
而動容之間有淑慎之止蓋不惟樂以治心而且禮以治躬矣以體
決于絃歌之風而不疾不徐皆適中乎其矩斯有德之形容藹然其

可象焉以承夫子更端之問而一動一靜咸不忒乎其儀斯有道之氣象悠然其可觀焉是曾點所以異乎三子之撰者固已在于起對之初而夫子所以深與點之志者亦不特以其識見之大矣門人熟察而詳記之得無意乎

此先生嘉靖辛酉决科卷進退象四時周還象風雨真盛世元音

中二比工于擬搦必以截斷界畫做為先正者不識貫珠之義

李芷林

上下句滚作而曾鶯語泉流不足方其圓滑程泰谷

鼓瑟希鏗　而歸　許琰

士各有志始終一異想也夫當言志而鼓瑟已異矣既鼓瑟而言
志乃真異也異何傷異然後見志且隨取而足者境也一往而深（文亦落落不與人合）
者情也當其情與境會而作止悠然志意蕭然夫安往而不愜其
真者而瀟落落若有一猶人乎予之間點謂點之必各有志也而（採寸高妙）
點則何志也第見所操者瑟声乍歌而若留乃作而對意欲宣而（点點警有則擬）
未吐點非自志其志也曠懷高寄亦歷歷其在抱撰則有也異特（即以子語時点一氣點下能作奇絶）
矣乃予謂點毋自志其志也苟狷黨同豈屑屑其相師志各有
何傷乎而點可言其志矣可言其志之異矣一則因時而見

風度

何異而自點領畧則異也莫春之成服時吾特矣而點何忽忽也一則因人而見異也人何異而自點胞與則異也童冠之與偕人吾人矣而點何忍忘也一則因地而見異也地何異而自點遊寫則異也沂雩之風浴詠歸地吾地矣而點何忍置也樂地自多獨不能為無情者少待人物景色淡而漠焉亦適相安於大同會心不遠惟以取之當前者為真大塊文章靜而遇焉正爾自鳴其獨異嚮點之撰如此維時同堂甫聆瑟声之韻旋味詠歸之旨當爾悠然志遠矣而夫子已遂喟然而歎云

文思淡遠古致紛披如讀柳州小記一則朱縣尊原評

有狂士之襟懷無狂士之詞色總是此時學問此是景况　葉讓亭

鏗爾

許迎年

瑟有餘音，鼓之者暇也。甚矣点之暇于瑟也。鏗爾者，餘音也，其斯為点之瑟與。且声音之道，與性命通，噍殺嘽緩之分，緣人而異，故有時而奏而無餘，其操之者迫也；抑有時曲終而不盡，其拊之者暇也。于閒点，鼓瑟鼓者，希矣，而朱絃而疏越者，猶留其韻于几席之間者，止矣；而一彈而再鼓者，尚遺其響于寂寞之餘，當為鼓其声，蓋鏗爾云。抑絃者手也，手在絃則有声，否則無聲，止與聲拊，徹而手之用不徹。鏗爾者，其有声耶，其無聲耶，為手不操也，声亦歇絕，而此声亦在有無之中。按節者心也，心在節而声若絕已而復續声與声遞變而心之所不動鏗爾者其声漸即其声終即蓋心不接也声亦轉徵而此声幾在斷續之表矣當其時聞者子也而聞已逝也四無人声而戛然以遠者獨傳于桃對無言之際吾知点和而音雅必不發于聽也子于此其靜而會之也哉且其時欲言者点也而言未形也別有瞶懷而不絕如縷者猶出于撫絃動操之餘吾知氣專而容寂必不改其度也点于此其徐而俟之也哉然則從容以樂其天琴也俾之優游以盡其致点也象之聆鏗爾之声点服矣宜其俛仰春風而志在高山流水間也

總無一浮影語体物精細齒舉雋刻雖玉茗無以過也

鼓瑟希鏗爾舍瑟而作　張對墀

欲作而不遽作、托於音者多、韻事焉、夫點既鼓瑟而坐、則必不能不舍瑟而作、然而為希為鏗、何不遽作乃爾也、狂士真韻人哉、今夫聲音之道通乎性情、而容貌之間符於道德、故人當在坐鼓欲不難聲出金石而至衆共見長之會、縱不欲先人而貽譏於躁妄、亦何能當事而不改其從容、乃若夫子所問何如之點、有足觀者想其年比求赤猶稱一日之長、則當子路率爾之後、即宜作而自吐其所懷、以為同焉侍坐、次及酬知之對、顧使三子盡言於先而乃適得何如之一問、則以斯時點猶鼓瑟而未作也、夫君子之學

妙不旁溢

也琴瑟與書策並設然亦陶淑性情藉以養其經綸之具耳今由求亦或以兵農鳴或以禮樂鳴而點顧獨以瑟鳴耶况乎音之動雖由心生而心之通每從聲入假令點鼓瑟而聽有勇知方之言（鼓鼓瑟兒鏗却是為希鏗舍作等字為點）未免神馳總干山立之世聞足民小相之語不禁志在阜財舞歟之風則雖有懷未竟而中已動動欲動吾以為點之鼓瑟而強坐毋寧舍瑟而早作也然無何點亦竟作矣何作乎爾禮君子問更端則起而對點向者侍夫子側而坐則令者承夫子問而起其作也亦猶行古之道也雖然作則作矣而何以不遽作而伸獨覺其甚暇則鼓瑟不得不觀其希而何以不輕作而意獨留其有餘則

舍瑟不得不覩其鏗爾一音之作也自無而之有而其小也自有而

二比小品格物乃是絕大文字

之無自無之有者聲一宣而如貫珠自有之無者響一寂而如蒸

本是皆率其作止之常而非必有間歇之漸也若其神未離乎依

希孚刻劃

永而候適宜於輟音則曲未終而韻猶在韻雖在而指已停未解

參差之柱漸離纏綿之絃斯時之疏其節以俟闋者覺非有非無

能增減一字者予千金

而自有由多入少之勢音之操也和之欲其和而其弄也彈之欲

其成聲和之和者未成調而先有情彈之成聲者當唱嘆而愈動

是皆音在操弄之中而非韻留舍置之後也若其勢非輕于一

鏗爾乃舍瑟鼓從來無人如

擲而時不可以復操則器以別置而絃動絃以發動而聲應美在

鼓瑟希 而作

鼓瑟希　高作

（此理妙）

絲纔之間聽出手指之外斯時之遲其聲以媚人者覺非和非彈
而不啻敲金擊石之響鼓瑟希如是鏗爾舍瑟如是𡙈至是而點
亦不自覺其悠然而作矣說者曰辨志之時殊非安絃之候點也
於瑟也得毋欲以曲高者自鳴其和寡乎然吾觀鏗爾之由衆者

（瑟字又有妙理）

幾以瑟故見絕於夫子則點之所以成其為點者固不在瑟而在
鼓瑟之氣象也

人多以鏗爾屬鼓瑟為句不知乃舍瑟聲也香題精細一路漸
次引入中起一峯有匡廬插江之勢末二伏幽思奧理抵㗖而
出極力摹寫無一字無來歷真匹水匹聲匹月匹影矣　蔡尚乾

鼓瑟希鏗爾

陳先春

瑟希而音猶留有不同于率爾者焉夫鼓瑟自樂徃者所有事也及希而鏗爾記者以為即此已不同于率爾云昔夫子嘗有言曰由之瑟奚為於丘之門誠以其聲之不和也乃一日者侍時對之有餘音溺欲止而仍留者令人深想其雍和之致焉如曾點既承夫子之問意者直寫其胸懷之落謝乎先生長者之前乎否則默默無言問者自問聽者自聽而置若罔聞乎非也蓋點斯時方鼓瑟云得心于管絃有蕭然物外之心此調孤鳴已足致人之纏綿寄懷于琴書有卓然不群之想此已足動人之流連乃無何而希矣

覆莆田李四名

覆莆田李四名

可鼓則鼓而由寂吐響者，半之聲可希則希而由響歸寂者
鏘鏘繰繰之葉然而一獨再鼓之下漏、移入者猶且不絕之如縷
一唱三嘆之餘洋、動聽者仍若有聲之可尋蓋鏗爾也于是亦者
有從容不迫之氣聽者亦應有纏綿不已之情韻以將遠而愈高者
者有遲留有餘之象聽者亦必有悠然不盡之懷音以欲離而彌永
雖有撫時任事之顛感慨不平而一聆其中和之音自不覺渫心以
雖有立功建業之思激昂欲展而一挹其溫文之態自不覺壯志
皆消慇瑟希而鏗爾若是其氣象抑何雍然因是舍而作、而對其
言詞抑何藹然記者詳誌之以為即此已不同于率爾云、

鏗爾舍瑟

陳昌穀

聲有以舍瑟聞者，巳非鼓瑟時矣。夫瑟將合矣，何以有聲？惟其舍瑟，是以鏗爾也，不可觀點於鼓瑟希之後乎？且夫籟從天起者，非人之所設，天之所為也。若乃人與器有相離，則人籟之起，宛同天籟矣。旁觀誌之，覺一時聲所由來，未始非因人而發，亦未始非離人而宣也。點承子問，鼓瑟方希，斯時瑟猶在點之手也，而希則自有而之無之候也。乃當之巳，即於無而觸之，忽生其有，點與瑟將迎將距，居然叩寂寞而求音，希又似斷而非連之境也。乃音之餘者方斷，而響之應者仍連，點與瑟若合若離，轉似聽舂容而立號

妙。嘆、呆、舍、瑟、會。六、聲、字、轉、入、卸、兩、雅切。反、擊、舍、瑟、緊、跟、上、希、精緻

所謂鏗爾者非耶是鏗爾者不必和之而和也不禪之而成也形神俱寂之時瑟之接而時生者別自傳其清越之聆之而似出
寫鏗爾即從舍字生出
於鼓也旋聽之而非關於鼓也斯豈等無弦之琴乎而聲之在弦
即為點之寫生有味別味
不在弦者要為點之所靜而遇亦即由點之所動而呈不必上之如抗也不必下之如墜也音響俱沉之後瑟之猶留不盡者更自
說鏗爾六字無訶刻畫似此寧細清微乃刻畫盡致矣
覺其悠揚驟蹋之而似非由於瑟也徐接之而亦即宜於瑟也斯豈類無聲之樂乎而聲之似樂而非樂者未嘗與點謀於心倫若
飛舍瑟妙
與點謀於手於斯時也點之瑟蓋已舍云提命而親矣豈猶然操縵安絃乎然點不必怡情於瑟而瑟轉若留意於點也在舍之

者亦既神遊象外而響起絃間非關指上縱然而嘆似續前此未終之韻使有意求之轉處其未肖也則此一舍也鏗之而非同卒爾矣更端而既叩矣豈依然一彈再鼓乎然點於瑟也有餘意而瑟於點轉有餘情也在舍之者亦既心手相忘而無事手揮猶凝目送戛然而止尚流如縷不絕之音即無意得之亦覺其動聽也而其聲鏗者瑟遠而點與俱遠矣點至是乃起而對矣

為鏗爾傳神并為舍瑟之點傳神繪月繪影繪水繪聲方斯筆妙　宇紹香

狀難顯之情寫不傳之韻筆筆靜細語語深微前輩惟荊其章

先生有此好手　余青霙

光景鏗爾二字正為舍瑟者添頰上毫若稍一點不便失記者說妙矣文體會入微摹寫亦入微言外并傳出一段從容之致此種文如看李龍眠白描愈入細愈入元真寫生妙手

鏗爾舍瑟而作

陳聶恒

瑟有餘聲惟其作而舍也夫鏗爾者非舍瑟之聲耶哉聞其聲而已知作者之為點矣昔四子言志次當及點而點方鼓瑟以故後於求亦迨夫子有何如之問而適會其希矣夫侍君子之禮問更

（提明作字鏗爾自不過上文讀）

端則當坐而起然之作也於禮固然而希則希矣瑟猶在御也將有事於作焉而瑟亦若或告之也以為是前音之已收而未收

（鏗字箋讀）

也似也但少厲耳以為是後音之莫續而猶續也似也但加促耳

（寫按瑟轉餘聲）

意初不在弦而有意無意之間餘音猶振弦已脫於手而非手非

（刻畫精細）

之際虛響猶傳不宮不商律呂幾無可調之處蓋鼓之則調舍

則不復調也。何嘆何彈。性情杳無可傳之實。蓋截之則傳舍之則不復傳也。夫固舍瑟斯有鏗爾之音。而治之以耳者早以知內聲。以不足。而絲亦改乎其度也。且固作斯有舍瑟之舉。而治之以目者正以覘足容之有餘。而手已應乎其節也。（作字舍字對畫愈工愈細）可以舍而舍可以作。而作。其諸寓意於物而不留於物者乎。可以坐而安。弦可以作而舍瑟。（想見動靜從容氣象）其諸和之以樂而文節以禮者乎。瑟離於人。人離於席。一時之舉止居然風雅之遺。瑟將絕而未絕。人將言而未言。此際之會心已在絲桐之近。迨令緬其流風。挹其餘韻。而氣象之雍容猶將神往焉。況乎身親其際者哉。

那疏云鏗投瑟聲按樂記鐘聲鏗ゝ以立號是鏗有嚴厲之意
其為投瑟聲而非鼓瑟聲無疑故蒙引云鏗爾帶下句讀鼓瑟
希非瑟音希也鏗爾是以手推瑟而起其音鏗爾也人惟誤解
希字故猶認作鼓瑟聲耳　自記

以經解經破除俗諦體物實難靈心良易附聲遠幽鏤空得異
使人意消激焉高寄　王學舒

韻幽味高訒瑤玉柱未能比埒　吳冠山

鏗爾舍瑟而作　　庚辰　陳聶恒

瑟有餘聲、惟其作而舍也、夫鏗爾者、非舍瑟之聲耶、點之作也、固宜其有是聲、且夫侍君子之禮、問更端則當坐而起、點承夫子之問、適會鼓瑟之希、其起而對也、於禮固然、乃而希則希矣、瑟猶在御也、將辭席而起焉、而瑟亦若或告之也、以為是前音之已收而未收也、似也、但少厲耳、以為是後音之未續而已續也、似也、但加促耳、（帶起舍字意）意初不在弦、而有意無意之間、餘音猶振、弦已脫于手而非手、非弦之際、虛響猶傳、不宮不商、律呂幾無可調之處、蓋鼓之則調、舍之則不復調也、何噍何嘽、性情杳無可傳之實、蓋鼓之則傳舍之則不復傳也夫因點之舍瑟斯有鏗爾之音而治之以耳者卑以知內聲之不足而絲亦改乎其度也且因點之作斯有舍瑟之舉而治之々以目者正以覘足容之有餘而手已應乎其節也可（屬對工）以舍而舍可以作而作其諸寓意于物而不留于物者乎可以坐而安弦可以作而舍瑟其諸和之以樂而又節以禮者乎瑟離于（清氣象自不同）人々離于席一時之舉止居然風雅之遺瑟將絕而未絕人將言而未言此際之會心已在絲桐之外爰令緬其流風挹其餘韻而氣象之雍容猶將神往焉況乎身親其際者哉

邢疏云鏗投瑟聲按樂記鐘聲鏗々以立號是鏗有嚴[illegible]意

其為設瑟聲而非鼓瑟聲無疑○故蒙引云○鏗爾帶下句讀○鼓瑟希非瑟音希也○鏗爾○是以手推瑟而起○其音鏗爾也人雖誤解希字○故猶認作鼓瑟聲耳○自記

話題既確○屬辭更工○尺幅之中○神趣無盡

鏗爾舍　陳

鏗爾舍瑟而作　陳聶恒

志有餘聲，惟其作而舍也。夫鏗爾者，非舍瑟之聲耶？我聞其聲，而以知作者之為點矣。背四子言志，次當及點，而點方鼓瑟，以故後（錄問）於求亦迫。夫子有何如之問，而適會其希矣。夫侍君子之禮，問更（○而作二字提清○作字、則字、鏗爾、自然連絡下句矣○）端則當坐而起，點之作也，於禮固然。一一而希則希矣，瑟猶在御也，（何云二句還破除俗解）將有事於作焉，而瑟亦若或去之也。以為是前音之已收，而未收（○則○是從鏗字○）也似乎，但少應耳；以為是後音之莫續，而猶續也似也，但加從耳。（鏗○字○妙○即○從○舍○字○中○鑿○出○）意初不在弦，而有意無意之間，餘音猶振；一弦已脫於手，而非手非弦之際，應響猶傳。無不宮不商，律呂總無可認之處；蓋鼓之則調，舍

之則不復調也何嘗何嘽性情者無可傳之實蓋技之則傳舍之

六字蟬聯一清出

則不復調也夫函舍瑟斯有鏗爾之音而治之以耳者早以知內聲之不足而絲竹敗乎其度也且因作斯有舍瑟之舉而治之以

題是四字其文氣順敘機回環之巧

目者正以規其蓄之有餘而手已應乎其節也可以舍而舍可以作而作其諸寓意于物而不留於物者乎可以坐而安弦可以作而舍瑟其諸和之以樂而又節以禮者乎瑟離於人人離於席一

道氣與自不同

時之舉止恬然風雅之遺瑟將絕而未絕人將言而未言此際之會心已在絲桐之近泛今緬其流風挹其餘韻而氣象之雍容猶將神生焉況乎身親其際者哉

開頭云鏗投瑟聲按樂記鐘聲鏗鏗以立號是鏗有嚴厲之意其為投瑟聲而非鼓瑟聲無疑故蒙引云鏗爾帶下句讀鼓瑟希非瑟音希也鏗爾是以手推瑟而起之音鏗爾也人惟誤解希字故猶認作鼓瑟聲耳　自記

鏗爾截連下四字則題故倒句体于鏗爾如聞其聲即于舍瑟加嘴其狀爾時氣象從容亦從此可想文心閒寂不獨考核之精

鼓瑟希

楊大琛

觀狂士於鼓瑟曲將終矣夫瑟而點鼓之自成爲點之瑟也承問
而曲將終焉不可以觀狂士歟聞之禮樂斯須不去身故琴瑟無
領脈矣然
故不離側則匡坐鼓歌誠吾儒所有事乎乃假物寫心而無端而
動者亦無端而止則即其絃與指欲離而已見人與器俱遠也已
點爾何如子之次求赤而問者維時點方鼓瑟也憶搏拊于虞廷
清老
儀舞如見點其思拜颺之盛耶惟是揮素女之絃聊寄達人之趣
是點之
鼓瑟
初不計曲高和寡而自循其安絃操縵之常緬疏越于周廟唱歎
如聞點其與駿奔之慕耶惟是賡東山之操洵殊北鄙之音正不

必歌苦知稀而自失其古調獨彈之素其方鼓也灑瑟歟步瑟歟
吾烏乎知之乃聽久而音將闌焉其朱希也雅瑟歟頌瑟歟吾又
烏乎知之乃問及而曲已終焉花工之忽動而忽靜也滯者偶然
（海水洞山林杳冥鳥獸悲）
而欲宣是鼓者機也宣者偶然而欲節是希者機也點也手揮目
（鼓如聽成連琴移我情矣）
送直取大造之元音諧諸律呂鼓也偶然吾情斯陶希也偶然吾
與斯盡一化工之由動返靜而已矣天籟之自鳴而自止也響者
澹然而欲舒此鼓之象也舒者適然而欲歛此希之象也點也神
（頹携手斛米）
遇天隨直抒滿懷之樂意譜諸絲桐鼓也澹然弗虞膠柱希也遂
（一洗箏琶耳）
然弗事更絃 天籟之作鳴還止而已矣高望千載以前疇執籥

鼓瑟希　楊大琛

而思美人。時吹笙而好嘉客落落終古惟有瑟焉以派寄想其流
囀緩于絃中定不生攪亂之感矣而絃則絃之將停也一近聽一堂
對上不言○知意
之上或願銘績于鐘鼎或期奏功于樽俎渺渺予懷猶有瑟焉以
并照○下異撰
自娛想其按宮商于指上真足動游魚之聽矣而絃則指之欲歇
也一本無意于濫竽而依永和聲恍若元氣之自鼓亦何心于改調
神○淸○光○發○
而飭歸著往悠然太音之正希迄今鏗爾之韻猶若與點爾之問
相賡唱于杏壇間也。

能于三字中寫出狂士全神仍不稍溢題位王子風管師襄瑤
琴未足方其清越

鏗爾

江南張郡守歲

覆上元三名　黃越

音流於鼓瑟之餘，人遠音亦遠矣。夫惟人遠而音之餘者乃得以永其趣而待之，音之鏗爾與人之不率爾也。且夫好音之過耳者不返也，得以人意不開，則且無以領取于方盛之頃，況其爲欲去而仍流者乎？（着眼高超題分）不之待也，而其音亦遠不著也，靜則需之，樂則失之，得一音也乎哉？乃若點之鼓瑟而既希矣，非有淒然以急、舒然以和者繁會于一彈再鼓之際，而尚有餘音嫋嫋，不絕如縷者，流動于琴書几席之間。于斯時也，其音何鏗爾也！在點也，意思安閑，絃雖去于其指而神不亂，氣復深穩，手縱離乎其聲而韻尚逌悠，然獨覺不声之声繚繞

于非絲非桐而前此之洋洋盈耳者至此猶傳逸響默然自覺既振

（進一層約後節　小轉紆餘走盤　是否鏗爾）

之振縈迴于疑宮疑商而後此之微微無聞者當此饒有餘韻則欵

（是鏗爾）

（巵流彈前入木三分）

其音之微而未嘗微也彼惟不雜以人聲故其音常若不可遏斷恐

其旨之細而何嘗細也彼惟不驚其志氣故此音猶復聽此心音也

鏗爾欲人之不察爾也

（絃外之音矣）

小講後輕籠題面二比入題以下刻劃摘攀鏗爾二字咬破汁漿

精神陡健自有此題未見此文令我拍案叫絶

鼓瑟希　　行者　過於飛

狂士寄懷于瑟方希而神遠矣夫點也何心一瑟傳之乃問方及而瑟已希也點將何以自見哉今夫士而得志也則解阜之風可以式

此用世意

化士而不得志也則緩絃之雅足以娛情雖然瀟音邈矣誰漫有以希發可續者不謂搏拊將終而其餘若與其人俱遠也方由求赤之

來得步驟整嚴

言志也一堂之上風議並陳而賠對之餘爰咨方及斯時為點者將搁時緩之孔亟何弗鼓掌而表英猷抑聆盛説之盈前何弗鼓舞而陳宏畧而點曰吾有瑟在也瑟乎大順之休不作矣誰其搏律而奏雲和於論之盛莫傳矣誰其按節而思陶詠吾恐絲桐雖具而送韻云遐瑟其從此絕響也乎而點之鼓之何為者出車之賦采薇乎還

此會將由作韻

後之歌獻凱乎則由可鼓也何必鼗司農進大田之頌乎太史吹豳
豳之什乎則求可鼓也何必鼗且也入宗廟而來雍有誦觀今同而
築答作歌乎則亦可鼓也何必鼗ゝ也鼓之其游泳于辟雍之思樂
於ゝ頁泮奐于卷阿之矢音乎豈澗敝之民生藉此鼓以致康衢之謠
乎乎豈用没之明王藉此鼓以答嘉賓之笙簧乎而鼗不知也祗是
一鞭再鼓爾游尔休其始也嘽以嘒慢以易節奏方興幾相忘于同
堂之議論則其始鼓也然也其繼也如抗焉如墜焉纍ゝ如貫珠焉
宮商迭奏初何知有四座之敷陳則其繼鼓也然也乃無何而一闋
將終將將永怀于观止音徽欲尽將合止而告成其希矣乎曰希矣然
則鼗之鼓之其情何如深也寓怀深遠方將推讓乎代夔而托意冲

和餅非繫情于笙瑟當世而有知音者乎默其以瑟應矣只就本章取致而鼓字瑟字希字便已波瀾無盡興致遙飛初讀之而油然有得也繼讀之而悠然可會也三讀之而曠然遐思畢然高望也能不鼓掌叫絕

徒○得○悠○然

鼓瑟　過

[illegible]瑟三句正與[illegible]清機形狀[illegible]句未出見其[illegible]無因著托間[illegible]是最墨也[illegible]三字焉

鼓瑟希鏗爾舍瑟而作　鄒天謨

狂士寄情於瑟極自得之致焉、夫瑟可鼓、何不可希、瑟可舍、何不可作、點誠極自得之致乎、且人有深求而不可知者、意志之存於中者微也、亦有一望而即可見者、氣象之著於外者和也、是故狂士之襟期高遠、不必深求奧隱、而但即其一鼓再鼓動靜作止間、其悅豫爾之狀、已自有泡乎不倦者、知點承乎問、其將作而欲吐哉、然其時點方鼓瑟也、點而鼓瑟、猶未舍也、一鏗而三聲、昔初不類十軍門撥、轉之態、未弦而躍越者、復大遠於鳴琴百異之獻、揮絃而樂易者、豈希心於清廟明堂之奏、噫、點其狂於瑟者乎、然使子問之、而點猶鼓

（呂二作字無褒）

實有致

如此落筆竟小中見大且出言志問並有情趣者此思路前後得笑語對三子此復從一瑟字想出曾点本体作用真思入風必不可

戛不聞焉其獲戾於長者寔甚而黙不然也吾見搏拊初在戛擊方
鬭者黙瑟希乎其声既欲餘音嫋嫋不絶者黙瑟鏗爾舍且不敢不
作而又不敢竟作者黙不已舍瑟而作乎噫黙誠狂于瑟者矣一可以
鼓而鼓可以希而希感夙昔之蹟懷而停鳴琴于指上一若有時行
則行時止則止之思可以舍而舍可以作而作承明師之顧問而撤
綴絲於斷續又若有樂則行之憂則違之之意是故瑟主靜也而黙
則如乎淵[illegible]穆其[illegible]動也而黙則如乎流行惟瑟清明而黙乃有此浩
蕩惟瑟廣大而黙亦同此曠遠在夫子雖猶未然洪高懷而容止淡
定早知遊於引商刻羽之外一在同堂雖猶未[illegible]其[illegible]致而逸[illegible]餘[illegible]

何意觀夫高山流水之音酷乎狂乎其將與瑟而俱適乎

本題全聲領會曾點於動靜之外盡點狂士也天分超卓故

德化纖力未超真有撲披康衰用舍行藏的風度故于作止雍容

有超然不羣氣象作者描兩層於此題鄒豈亦一狂士之古逝歟

不然解題不能高出流俗有錯也　剡藏五

鏗爾舍瑟而作　　潘岳

瑟有餘音以其作而舍也夫瑟何以有鏗爾之音也要惟舍而作之故即此不可以觀點哉今夫聲音之不可遏者其惟坐而安弦者乎鏗然聲音之道其遏之而不遠遁者即非坐而安弦亦有以見之焉如點承夫子問而鼓瑟希斯時何如耶方其一唱三歎閒宜洋洋之盈耳若夫息揮之餘則瑟與人違必雅音之隨聞當其一彈再鼓亦宜累累如貫珠若夫絕弦之後則人離乎瑟必虛響之難再乃何以一絕而猶繼也已新而猶聯也乃何以欲絕而未絕也欲斷而未斷是非所謂鏗爾者耶夫是鏗爾之音胡為而然哉非噍非嘽性

和得清

希無可傳之實借非弦之而不鼓也何以有是聲耶不宮不商律
之幾無可調之處借非欲作而舍之也又何以有是聲耶是固舍瑟
（仙筆）
也瑟始鏗爾也鏗爾者仍在瑟也是固作而瑟始舍也舍瑟者乃鼓
（仙筆）
瑟之點也然則可以舍而舍可以作而作如點者殆寓意於物而不
留於物者乎可以坐而鼓瑟可以作而舍瑟如點者殆和之以樂而
（天然地對）
又節之以禮者乎瑟離乎人々離乎席一時之舉止居然風雅之遺
瑟將收而未收人將言而未言吁嗟之會心已在絲桐之外點於是
雖不及言志而志已見矣

鏗爾是舍瑟之聲叢引云鏗爾帶下向讀曾點承夫子問推瑟而

鏗爾舍　潘

鏗爾之瑟與舍瑟之點交錯箇中便藏箇作字在　瞿鴻禨

原評

亦那得是鏗爾耶此卷雙踈既允文致更如薄露開雲聲影都絕

鼓瑟希註云希間歇也如何於間歇之後復寫餘聲耶鼓瑟餘聲

起其聲鏗爾也諸卷有一彈再鼓餘音不絕云云諺甚上文既云

第三十一册　卷九十二

鼓瑟希鏗爾

江蘇姚道一臺觀　風陽朔縣一名　錢大奎

緩於操者若別有餘音焉夫鼓瑟者點則鼓瑟之希亦點也忽焉有鏗爾之音其音果何自來哉今夫聲音之際大約應乎手而從乎器者也耳有所聞則心有所感而予為之徐則音有所傳而器內操而將縱聲欲斷而還留狂士之風流其手從心其器從手無如夫子問及于點斯時點方鼓瑟聞諸四座者不必鏗鏘發金（聲不大方）之音而播于一堂者固已抗墜叶希聲之奏洋洋者其聲廣以大（微一華嚴界空洞）方將托于瑟而見天地之心豈遽焉而生歛攝之意諷諷者其聲家以遠方將托于瑟而之情盎漫爾而起卷藏之情乃無

何而徐視之覺點之苦　夫初奏希奏飄然而流者其韻淵
然而靜者其心憂然而止者其手若抑若揚欲調而如不能調也
作合作離離揉而如聞其揉也道若取乎漸而點非有心也從容
之致微露諸往而必復之餘雖然而鳴者其始沛然而達者其緒
希字刻入妙不脫去鼓字
間然而闋者其終如緩如急揮之而若無意于揮也欲去欲留洋
之而若無意于彈也道若取乎需而點又非無意也暇豫之形如
從鼓琴希趣入下
觀諸著往飭歸之際于是趣已流于絃之外弦佳恨於手之餘音
上字空中有象
尚凝於手之下神别著于音之表聽絃外之遺聲不啻欲一音若
將復始一音也一抑超然于心手之外若洸有一無聲之點脫然于

手之間者忽覩一有聲之瑟聆逸響之方終政覺鼓已希又漸復鼓一瑟也即而聽之而鏗爾之音又有不自瑟中来者我初不知有聲者何以忽續於無聲乃瑟已離於鼓而猶復絕而不絕也（空緊傳神）鏘然復振逈非前此之調颯然而止別成後此之音蓋此聲既不（不脫上）在點亦不在瑟問點而若不知問瑟而亦若不知也斯為不鼓之（三字法密）聲耳我絕不知無聲者何以頓返于有聲乃鼓者已離乎瑟而猶復止而不止也餘韻忽流不似絲桐之響遺音再振儼同立號之聲蓋此聲亦復在點亦復在瑟欲還而問之點亦還而問之瑟也（□小）斯為希後之聲耳然則希鏗爾雖若相因而寔不相類所謂應

手乎而從乎器者也一統　若求者亦咸頃耳靜聽以為鼓瑟希而有若鏗爾云而響已深遠矣

闡心解理繪景成殺文心之妙幾于疎雨溼前山雅歆有餘韻

按鏗爾餘音也即鼓瑟希時事其去鼓之時無幾其為希之韻亦無幾大全邢氏疏以投瑟聲釋之意精而語病蓋既投刻蔽寂不得謂其聲之鏗也鄙意當是希之際將投未投時也文中致為斟酌

鏗爾　應露

瑟後有以著其聲、惟狂士而後有也、夫鏗爾之聲、與前此鼓瑟之聲、又一變矣、狂士之動必自見也、如此、且聲成文而謂之音、觀氣象於人、非音莫傳、觀氣象於狂士、則音不必盡傳、而惟傳其不成文之聲、夫子問點鼓瑟云希、維時中庭閒寂、四座無言、洪也隨自露其逸致、後有响振於操縵之外而來、自坐聞者、此何聲也、黃農虞夏之思、雖揮絃而後慕有餘情、而又若有以發之、故其為聲也上焉、如札櫃時嫌俗之意、當終和且平、蕩滌淨盡、而采若有以收之、故其為聲也長出、而從後物之自為動、亦若是之閑大也、有相激而出者焉、于與瑟

成句翻襯恰合。

吸合○瑟○意○聲○峭○

閒○中○閒○悠○古○氣○盎○然○

與○切○

翻出常解

仁嶺堂　下論　漁家塾合編

以瑟與聲偕相觸相激而彼此之交動使人聚聽而盈耳也一器之獨為壹不若是之繁變也有相因而發者焉凡應乎瑟之應乎絃化其專一而在御之聲奏使人縷析而無緒也其聲之發以散漫不啍之抑鬱矣點也愉快之景況畢呈於此此蓋喜之所動也其聲之萌以廉無不遂之性情矣點也性行之卓越見端於此抑亦敬之所形乎聲然而聽之鏗爾也時蓋舍瑟而作也

鏗爾遠下句看是推瑟聲經籍未有以鏗貼絲聲者按鐘聲鏗鏗以立號可以識聲可以見義　自記

影照舍瑟句活繪出鏗爾之聲吾目注之吾耳聆之矣　陶慕始先

生

題以摹寫為工。使冬烘擱管。又描頭畫角。裝出許多惡狀。能不發人胡盧。來夫唯真大雅。飄然思不羣。元北觀

刻劃不纖。音節古雅。必如此筆墨。以抒寫其所見。方是解人語。第

次林

格覆晉江縣學蘇尚紫
二場重卷

鏗爾

音餘乎器情餘乎音矣夫天下皆餘者境也點瑟鏗爾餘音乎抑亦有餘情乎吾黨記曾點之言志而先及此蓋人情之所鍾大都盡焉而已無餘也若盡則盡矣而斷而若續從後而聆之有餘音者矣非三嘆時也猶留一曲終有如是乎（獨立縹緲之飛樓）吾黨嘗微窺點之鼓瑟矣當其時且鼓且希瑟漸停乎手矣形輒形而其聲鳴焉固也漸停乎手幾無餘矣而安得鳴乎且希且止非亦遠乎瑟矣和調和而其響間焉宜也竟遠乎瑟已無餘矣而安得響乎（引脈工細）夫何以獨焉相接者復不絕如縷也乎夫何以詘然而止者復鏗然有聲也乎

含業泐然心歸天外
中心之緒餘無既姑寫心藏則絃外之音堪令尋味也業搏拊不
事一無情之號越諒何能綴不言之逸韻為裊曲饒其委蛇乎而
微叫何神妙欲到秋毫巔矣
竟若有饒焉者非瑟也萬點也輕爾感之鼓則鏗爾應之吾知瑟
亦不善解人意矣寸心之紆餘致妍徐抒內蘊則太音之希足供
玩索也業一再告辭以無知之絲桐亦何能含未披之幽籟為裊
懷勛其遙飛乎而竟若有勛焉者非瑟也萬點也率爾施之瑟仍
鏗爾報之吾知瑟也亦不工賦物情矣而乃忽忽然動旁觀者以
難藝之感也初亦謂一鼓而盡耳迨鼓者幾幾欲罷藝亦隱隱欲
淵乎妙哉空山無人水流花開
之而桐竭矣從息機之後騁鳴一擽焉意致倍覺寬然也如寉瑟

中焉知流瑟外焉瑟乎何其遇點而餘此曲折乎而乃飄飄然既旁觀者以悠然之會也初亦謂一瑟而已耳迫鼓者舒與忽離瑟亦樂與鼓鏗而相謝矣洄迫盡之時徐叩一機焉境界殊覺其優裕也如謀乎瑟焉如謀乎鼓焉點乎何其手瑟而餘此嘽緩乎音餘乎器器盡而音不盡也情餘乎音音盡而情不盡也夫天下皆餘者境也點之舍瑟何負知我哉

是瑟非瑟是聲非聲二字中有點之全相往於微處默參消息

古調詩吟山色裏無絃琴在月明中正令人不忍極言其妙

能領絃外之意曲傳虛響之音超詣入微詞旨高上　儲六雅

此乃句〻是含瑟謦。宋人謂郭恕先畫天外數峯。略有筆墨使人見而心服者在筆墨之外。文冲意境。固有神似。韓蘇古

錄爾　蘇

鼓瑟希鏗　而作　顧三典

紹狂士者若以為得禮樂之意焉夫鼓瑟方希餘音鏗爾點其有得於樂乎迨乎舍瑟而作抑何術有禮也在昔諸賢之侍夫子也坐者首由次即點次乃及求赤乃由與求赤各以次对而點則否夫子亦最後問及焉者蓋以點方鼓瑟云爾吾聞之君子無故不撤琴瑟點也何獨不然而論者必謂其農禮樂不足係狂士之胸彼由與求赤之論點者為弗聞也者而以鼓瑟謝之意亦已得之無可鼓瑟希矣夫子坐而聽之即由與求赤次起对對畢亦對聽之當斯時由已終而餘響聲欲歇而還留雖有悲乎

坐字起即对作字又一樣題法

鼓瑟之希與從矣子点與二子所出文情非勤

論語　丁丑　德光堂

論語　丁丑　德光嵩

一歎無聊之况聆此能勿稍平即也功建名立紛紜馳逐之

隋人之不覺供靜蓋人人傾耳於鏗爾之瑟而悠然意遠亦人人

魯曰於鼓瑟（好朋鄧）之點而寂然忘言而點也已舍瑟而作矣禮有之君

子問更端則趣而對點也亦猶行古之禮也獨計點非狂士耶今

世所謂狂者大抵托於放蕩以鳴高脫檢束以自便若曰禮豈為吾

輩設者猶點也從容於一彈再鼓之餘從儼若於進退周旋之際

其於禮樂真若斯須不去諸身亦可槩矣任情曠達不足以貌擬狂（言外此題有此議論）

士而點之自命亦略有可想見者哉吾於是益廻想其鼓瑟時由（想風舞雩）

與求赤之論亦既聞之矣使其警心時事能無悵然欲試之奇民

戒動念熟名亦必有躍焉欲止之致而揮絃自如者曾無所汲然

泰至於餘音嫋〻不絕如縷而後舍而作〻而言即此已異乎三子也

忽議忽叙層〻洗發自有瀟洒不羣之致最妙在中間插入夫子及三子一段摹寫瑟声之希情景如生文中有尽落出舍瑟句亦極超忽此真入虞曆名家之室矣

共稿　論語

第三十一冊　卷九十三

飱而治今也

吳宗師試取 陳 若

更即飱以兼夫治未可例之於今也夫飱以繼饔小民之自為食也相謂賢君必如此以兼夫治殆欲藉端於古以亂今耳相若曰吾謂後世聖人宵衣與旰食並傳未嘗不歎其治之已隆於古而非今日之急務也夫邑皇不息夕與朝當並見精勤而世運既遷今與古亦宜同一致君子觀於永夕之頃猶必自食以理民事能勿轉計其間而撫時興歎也耶試即饔言之夫饔之設非始自今也乃我觀饔人有職晨羞必問內宰而今獨見其必覘晨食恆藉膳夫而今獨見其並攝則即此自食其力以永今朝已見賢者之治有足述矣何庸由朝饔而進計哉然而賢者之飱又與饔同而

為治也授飧饔賢至今共傳美談矣茲以君公之貴而卜夜以飲必出夫己亦猶卜晝以食不資夫人食一己以治萬民道固於今為烈也飧有陪鼎至今競誇盛典矣茲以元后之尊而不遑夕矣以食夫己亦同不遑朝矣無藉於人食己力以治民事事固至今尚昭也然則飧之同夫饔也豈賢者可為而治今獨不可為而治乎且夫賢者固玉食萬方者也以則一飧必求自理是勤於自為者固亘古常昭也賢者又食前方丈者也茲則飧與饔同為兼治是勤於民事者又至今不廢也則觀其自食以治民而知其治特隆於古亦可並行於今也且知其治獨超於古亦足為法於今也可一日亦可百年可一時亦可萬世苟非甚愛古人而薄今人孰謂自理夫飧以兼治民事必獨推於古哉孰謂自理夫飧與饔以

兼治民事不可概於今哉而抑知不然也盍觀諸今今非猶是與古同此飲食也哉乃古者以飧而自食無殊以饔而自食今更未之前聞也豈真時勢既異而飲食亦難從同乎睹流俗之波靡胡使予欲歔焉而不自禁歟今非猶是與古同此致治也哉乃古者飧必兼治無殊饔必兼夫治今則難一例觀也豈真時序遷流而致亦難無弊乎撫澆風於來茲何使予轉計焉而深慨嘆耶夫生今之世為今之君孰不嘗求復古之道哉何乃自食夫飧以治事獨使賢者專美於前何乃自食夫飧與饔以治民事不與賢者並稱於後也觀於倉廩府庫皆厲民以自養今與古真大相逕庭矣

雅頌各得其所　　何焯

詩得其所、而樂章亦正焉、夫詩之中、惟雅頌皆入樂也、然而紊其所也久矣、非反魯之後、能使之各得哉、且夫詩與樂寔相表裏、頌詩非

初反魯刪入燕兆爭引

若易象春秋盡在于魯而釐訂爲易也、湛露彤弓以勞列國之臣、當年猶肄業之誤、及肆夏文王不拜、四牡之嘉、新宫亦老成之無人、衆生也、晚而訪求未博、敢僅以刪其逸文、謂釐訂已至乎、如樂正者、特

夫子自有刪詩之功此刪樂十之章也

提醒所字別出雅頌　姜子云此

正其聲之雅與鄭也、夫樂有樂之章焉、章有章之所焉、邶鄘以降陳

太師所采以觀民風者耳非宗廟燕享所用

之僅存夫美刺賦之亦止于斷章其入樂也寡矣惟彼關雎之詠可

鄭氏三分六月爲

以用之鄉人用之邦國而僭越不生于其間亦在六月之篇析而正

（題雅頌頌雲山王氏亦謂一詩而三用）

禮節者即為雅樂成功者即為頌而體例獨備于諸什以言乎得所之難其次在乎雅頌矣雅有正而兼有變其為正者則萬邦之孚周行之亦以此為燕饗之樂章固其所耳而亦不廢夫變者蓋家父凡（變者亦播于樂或無異爵之所用或隨事類而歌）（正義二）伯之徒猶有矢詩遂歌相為匡救之意使人主日誦于側騷然厲之（春）傷而重收文武之柄撥王轍而西或係數詩之力也豈若黍離哀歎自盡為一朝之風乎頌有周而亦有魯作于周者則上溯太王之荒高山下逮成康之歌不顯以此為於薦之樂章固其所耳而亦登進（錄魯頌即與桓文之意朱子予蜀以正統亦猶是也）吾魯者蓋史克奚斯之志皆美懿徐濟楚用碑保乂之忠使子孫升歌于廟遂周公之福而克慰后稷之靈興周道于東始竟數詩之緒

也豈獨無邪一言足蔽三百之微乎自雅得夫雅之所而南陔六篇並列笙詩者獨有聲而無辭焉可無殘闕之疑也蓋[illegible]恩罔極報養（覺來廣）原難平陳太平無象嘉瑞豈能備述但使被諸管絃彌覺有深長之（微為淺矣）絲旨要未嘗不歸于各得矣自頌得夫頌之所而商頌十二篇得自戴公者至今日又亡其七焉亦可謝莞詩之殘缺也蓋獻既無徵孰如考父之好古識雅嘗學雖補亡帝之遺聲縱令釐其簡編或反合尚質之初意要未嘗不隱為各得矣是蓋與刪詩與周而與正樂相隨（放戀原疑）者也惜乎余反而師摯七人者又行矣是故樂章雖屢訂而樂總不復作也

有攷索。無議論。非書廚。則鈔胥耳。博覽精擇。㕘化筆端。英辭麗藻。粲花攢錦。足使國井析角。班劉讓靡。雖有二易于一股中該舉。正變須有三疏。拘于對偶。先及周魯。後二股補發商頌。妙以筆許無牽對者。公七篇之亡。恰是天成隊仗。

慎而無禮則葸　葛珵

慎貴準乎禮、懼其流於葸也、夫慎無禮以節之、則流於葸矣、人可不循禮以全慎哉、嘗思神明之地、心乃所以集事、而物則之恒品節之數、又吾身所賴以精密者也、第曰小心自矢、不敢存一念之忽、而矩矱弗彰焉、將謹其端而事與心相絪緼、卻滯其中而心與事相須、主宰乏裁制之權、動履為形聲顧忌之私、其幾有日滋於心者矣、何則、生人胥處之區、原不容有矜肆之情、一自疎略者之多所失也、而謹飭之儒、遂相率而務乎周詳、執玉捧盈、其間正自有惟請聖賢身世之交、原貴存乾惕之懷、一自縝密者之局乎處也而嚴翼之士遂相深而極其圖維兢業且明此際正自有典則慎也其思甚詳也其慮甚密也不以一塵自疏不以一意自放道慈者所可同歟雖然有禮在慎在人心而禮達之凡事不抵之大變而遇物必酬以經綸禮在綸務而慎起之嚴翼不羅於空虛而精神咸歸於實用慎之貴有徵明矣若之何慎而無禮哉有一事必有一則入乎其中而殫精竭慮禮即體乎事而經出咸宜乃慎之著誠見其懷精與禮而俱禮而綱紀為光大暢其則必謹其述將始見以為知異則妥然久凝以為知異則不安一慮而惟恐可失者久見百慮而難專一失也是注亦根於識頭可否而乘於

我先心曲之縕與儀則之序離為二物而氣機之運用孰竟其危
疑戕賊之懷有一情必有一節體於其內而彰慮凝神禮即充乎
情而脩理各當乃慎之者祇見乎彷徨與悚初與禮若不相關焉
夫不適其節必拂其經將初見以為可行而若首鼠又見以為可
（緣○青○生○新○豪○○○務○遒○）
止而若赫怵中懷以無形之冰淵者久若留內念以有象之指摘
也隱微默失其權度猜疑叢集於靡寠幾務之宜與節制之華判
為兩途而浮念之猶豫孰釋其徘徊恐懼之隱結疑豈於沖虛之
府不惟事之大者壓憂廑於夙夜即蕪物細故亦搖搖於方寸事
未至而神已沮事已去而氣仍滯即至事本無殊彼有禮者已從

容自如而葸則疑於前者後益固是葸者慎之積而成境也深憂懼於靈明之內不惟事之顯者懷疑戴於天君即机緘偶著亦惴惴於朝夕意欲進而體已餒意欲退而中愈怯雖使事本無異彼合禮者已優游自適而葸則錮於始者終益窘是葸者慎之累而成象也蓋無禮則慎無節終者蹙未覩而情已懾故遇事而不能自鎮其心抑有禮則慎有則令人靈臨變而從容寧故當幾而有以六藏其密縱之葸之蹟情亦也禮以參積可也

搯擢胃臂如游魚銜鈎而出重淵（簡鍊精）

讀而無　者

博學則高明　任蘭枝

於博厚而觀所發其高明者一誠之徵也夫徵至于博厚則其所發（然未）之盛不極之高明不止然何莫非一誠之為之也哉且天下莫高于（徵以前說入）誠之理而外此者皆卑亦莫明于誠之理而外此者皆蔽則夫世有至誠其所為高且明者既以一心具之而功業所著（分明）又兼得而尚兼得而驗者乎然吾言至誠高明之徵而必進及之博厚之餘此非無說也蓋天下之不博者未有能高者也將欲後然為卓越之觀而始基已狹則雖層累以求而必無進而高上之事欤經唐虞三代之治于招攜懷遠之時當之者必退然自沮矣無術以將于據也勢乎誠不

已博乎夫博則有非博之所能盡者非特秉有出之資而峻德之蕩
先就經一邊說方着一筆一邊說
乎無名也其理自不可踰寬亦其廣運之量而治道之巍巍自臻者
其勢自不容已一人而錫四方之極德之所以象夫成也叔世而登
亦當切實說用經細
隆古之風升之所以見為化也積之莫圜斷發之莫並蓋嘗觀乎從
切唱嘆中又作一跌
欲在萬邦承服在百辟而始歎下愍之補偏救弊者規模為已小也
則出于醒
其高也博則使然而已矣且天下之不學者未有能明者也將決赫
然著炳蔚之盛而其人未深則雖粉飾多方而亦有不能終日之慮
數談典謨官禮之制乎雖虞小補之朝當之者必謙讓未遑矣無他
升易竭也若至誠不已學乎夫學則有非學之所得盡者非特本篤

悠誠字

字爲輝光而主術之純粹無間者其精神有所必發抑亦化窮變爲通乎而治象之日新不已者其風氣有所必開九重而爛四海之幽悠離之所以總其照也一代而垂百世之化成諸之所以觀其文也積之莫窮斯發之蘊還蓄濟邇夫欽叙洽于重華雖頌歲于奕葉而始歎後此之禮章樂輝者光華爲已僅也其明也學則使然而已矣

至誠所徵之盛如此

分傾木之藍田呂氏二股中辨轉兩意是內其盛德著爲大業周

不得含混及人占了下節地步也其氣深厚中自具光燄學使銅

仁振先生批云真高華貞切寔

葉公問孔子於子路　其為人也　丁丑

難言聖人者當觀之於聖言矣蓋人多不能言其為聖而聖祗不過言其為人然人亦奚不能言者而待聖言乎且學者欲得聖人而師之而日嘆以為聖不可如則於人胡得矣夫其人則聖似難定擬一作聖之形而聖亦猶人終必確存一為人之實固非以此中人不足為外人道也吾夫子在當時思以其人與天下共見也久矣顧列國名卿評隲半從聞聲傾聽而來則但名衣冠之心跡頗難深論故以行示者兼以身示　共椎忘於近演多點喻之真自著同堂學侶周之須於實

一要忘名象而精神會善言故以身言者僕不
使時結想於微茫轉有長言之味也彼葉公之問孔 圖亦設
疑一聖人於耳之間而崇奉與驚疑交致似因聖人之難言
而問又似因子路之能言而問者而子路之不對抑又彷彿一
聖人於心目之際而贊揚與讓遜俱難似因聖人之難言而不
對又似因衆心之不足與言而不對者要之皆未為知吾子
者也吾儒之希聖也見以為難則果難脫繪畫之無能竟河漢
而誰極雖徒以瞻堂室而扣蹤測影亦直與排闥門外者同安
於詮解之無從吾黨之觀人也指以為實則皆實以日月之咸

御諒趨步之皆真縱使自道淵微而軒豁兮明亦恍與摹寫從旁著共證於聲情之莫逆夫子於斯時實之曰其為人閭謂不如吾自言之也詰之以奚不對又若欲子路早代言之也蓋聖心初無品章之見而祇知就人論人彼世俗多疑學人莫真人聖人之懷而都歸無有乃知吾自見真吾也揭本來而相告獨有味乎言之亦如葉公與子路各自披襟而述生平已矣聖心併無彼我之見而祇知與人論人故問者莫測其原黠者轉神也解經聖人之胸而頓還儕乃覺我依然故我也兮童以予曾何有乎吝是清此伐葉公與子路為閒人而作衡評

葉公問

貢狀夫子好自己頌也事無不可告人豈必主名乎私淺
昔槩之曰其為人夫亦適得其固然而此中真意不待一言矣亦
非葉公果知聖也事必為知者道毋亦未化乎町畦但渾之
曰女奚不言固亦隨付其當然而事宜正對更無論矣不作如

〔句句活〕

子路曰學聖而尚難與觀人況葉公乎
意致微妙飄〻在烟楮之外

葉公問孔　全章　王之柱

聖心獨至之常自明之而恍然矣蓋憤樂之心在人以為偶涉而聖人自有大常不自道烏乎見乎且千古有一事焉大憤大樂之所集也千聖之憂勤探之而不能啓其微千聖之悅習收之而不能竭其趣此事默運於無窮而貞之不息者惟夫子想其於憤樂之故不知如何會心而乃如是以老也人第見終日終夜一何勃勃焉而迄無由名之為憤人第見不然不尤一何欣欣焉而迄無由名之為樂此葉公所以問於子路歟夫葉公之問未可以為非也而子路何以不對也耶焉亦思其為人也而終日終夜何為乎曰是乃所為憤也發

慶曆文讀本新編　論語

之而忘食者也大疑忽起而猝不能通覺日用俱捐常自勤苦於畢

世其為人也而不慍不亢何為乎曰是乃所為樂也以之而忘憂者

也纍難俱消而中有獨得覺所處皆順常自愉快於兩間蓋全憤全

樂每進而彌深一憤一樂相循而狎至曾幾何時而老將至矣老將

至而不自知矣是則云爾已矣生平此不容釋之任問心不滿而時

有勃勃者露之幾微舉念此不可言之味觸境相關而時有欲

溢之意象而予將何以不對也耶乃知學者之憤樂不經時而燃

賢人之憤樂亦有時而已也必若有千古之事隱隱在心若遠若

自苦自愉乃為終身而不舍是則夫子而已矣即不可為葉公

能不與子路一行寫之耶。

朱子曰發憤便至忘食樂便至於忘憂便與聞韶不知肉味相似。又云為學要剛毅果決悠悠不濟事且如發憤忘食樂以忘憂是甚麽樣精神甚麽樣骨力又云聖人直要做到底不做箇半間不界底人又云發憤便能忘食樂便能忘憂更無些小係累無所不用其極蓋朱子所以發明聖人憤樂全體至極純亦不已之妙如此故識者謂聖人精神全在此兩句中此兩句發不透聖人全體不出此文開口即擒憤樂說入便能切中題要每苦此題開講落筆即是浮詞喜此文盡能掃去為之心目爽然。起處言人第見其勑勑而無由名之為憤第見其欣欣而無由名之為樂中間云是乃所以為憤也是乃所以為樂也後幅云時有勑勑者露之機徵時有欣欣者溢之意象前後正相呼應

葉公問　王

開口道破

憤樂逆入大力

句意俱雲

○○葉公問孔子　全　王之柱

聖心獨至之常、自得之而恍然矣、蓋憤樂之心、在人以爲偶涉而聖人自有大常、不自覺烏乎見乎、且千古有一事焉大憤大樂之所集也千聖之憂勤、劇之而不能破其藩、千聖之恍習狀之而不能竭其趣、此事默禪於無窮、而貞之不息者、惟夫子想具於憤樂之故、不知如何會心而乃如是、以老也、人第見終日終夜、一何勃勃焉、而泣無由名之爲憤人第見不然不亦、一何欣欣焉、而泣無由名之爲樂、葉公者所以問而子路於此有相宴於憤樂中、而漠然俱往也已、雖然、而何以不對也耶此真憤真樂、作尋於擬議之微、軼覺域之不聞、而循之已矣、此全憤全樂相探於意識之內、宛有代之不受、而恆矣、還生其爲人也、而終日終

皇獨對葉公不是當身指點与是立也問意淺之

夜何為乎曰是乃所為憤也發之而忘食者也愁生之緘一啟而即與（似住）
猶病有憾共鬱皇於終古之閒其為人也而不愁不老何為乎曰是乃（似帶妙妙）
所為樂也以之而忘憂者也在中之妙滿前而即此不最何言恍神躍
於而問之表憤有不追之則何藏樂有不生之則何已卒之以終而不
當老之將至也是則云爾已矣生平無不容釋之鬱閟心不滿而或有
勃勃者露之執徵舉念此不可言之味觸境相關而或有欣欣者溢之
意象而何以不對也那乃知世途之憤樂不經時之局也賢人之憤樂（妙）
不疑心之景也必若有千古之事隱隱在心若遠若近自苦自愉乃為（妙）
終身而不舍是則夫子而已矣即不可為葉公道而能不與子路寫之耶（妙）一行

不對處即將憤樂翻醒後來縱橫皆遶○千古一事誰人覷得讀之涔涔汗下

○○葉公問孔子　一章　　王者臣

不知聖人之為人者、當於其自云者思之也、蓋夫子固不可知、而其樂而無已者、又無不可知、聞其云爾者不有以想孔夫子之為人乎、今夫世有聖人非猶夫人之為人也、自夫人擬而議之、若已奇矣、而其自視則平甚抑若已難矣、而其自言則易甚、乃其所為平且易者、固夫人之擬之議之而無一當者也、昔夫子之在當時也、人ゝ以為生知安行之聖、而徃ゝ自謂篤志好學之人、而卒不掩其生知安行之真也、則聖固不易知ゝ亦不易言也、是故葉公有問、而子路不對焉、良以其為人也真非擬議之可及云爾、乃以子自言之則又何其平且易也。其言曰。吾茲無解於由之不對者何也。以彼傾懷於我。
而女顧不與明言耶。以女朝夕於吾。而何得無所稱說耶。吾意女且。妙。甚。
曰。其為人也。吾初不知其誰為激之。而皇皇乎壹若日不暇給也者。
則惟是道德之味。飫之不厭焉。其發憤忘食。有如此者。吾又不知其
誰為慰之。而忻忻[illegible]也者。則惟是理義之悅。積而彌
永焉。其樂以忘憂。有如此者。且吾與為追隨也久矣。而累歲月而不
跂乎斯庭也。抑其與吾周旋也久矣。而歷生平而益見其有恒也。則
又有不知老之將至者焉。是則其為人也云爾。夫女而如是以明言
之。而吾之所可稱說者。亦畧盡矣。蓋學問之事無時可息。而[illegible]不當遲

慕。則閱歷每覺其有據修能之途盡人宜勉而得之積久故甘苦又

點。得。眞。化。大。精。細。矣。不。此偏只一句

樂以告人而女奚為其默默已乎噫自子言之則何其平且易也彼

葉公者苟因是而思之是果無奇也抑又無難也而何為擬而議之

之平素當也。其亦可以想見夫子之為人也夫

用董思翁代字訣女奚不曰四字始覺飛動眼前光景無窮何必

謝公展齒所不到方得幽奇　吳荊山

他人非不把梳此四字也只不解更拆開耳妙處正在一轉變閒

葉公問孔子於子路 一章　方桑如

聖人之為人、非時人所知也、夫葉公之問、亦謂子之為人、必非僅以憤樂老也、即使子路如子言對之、彼且烏乎知哉、且人至聖人止矣、而耳而目之、卒不能離人之類以為名、則其生平所為、度亦可望而知、而要非好學深思、心知其意、固難為淺見寡聞道也、即如我夫子之為人、亦豈待問而知者、不食之思、以終日也、至樂之在於曲肱也、學易之願、夫假年也、優游之歎、夫卒歲也、此在吾夫子自道之、當不獨子路稔聞之、而疑而問焉、乃有如葉公者、彼將謂吾子之無事云云耶、則毋論子路之視夫子、必不如夫子之人

恰好

隨勢帶出子路

先補此層玲瓏八面

視為委曲而盡情則毋論子路之言夫子必不如夫子之自言為
懇切而有時即使從而對之曰其為人也翻然者心勃然者色求
（運思之奇絕）
之而若弗得也追之而若弗及也憤也而葉公不信也即使從而
對之曰其為人也渙然以釋怡然以順思之而若有數也行之而
若有助也樂也而葉公不信也即使從而對之曰其為人也時而
投之以食而人所不徵饑所不嘗也時而投之以憂而人所不堪
彼所不改也憤故忘樂故忘也而葉公不信也即使從而對之曰
其為人也方憤焉而樂已觸興而致矣忘憂者日月凡幾何也方
樂焉而憤又接時而生矣忘食者春秋屢代序也老則自至知則

自怨也。而葉公不信也。而且悔其多此問也。則子之為人轉以對而勢。而且因而再有問也。則子之為人轉以對而窮。而何子之以不對者為子路咎也。而何子之以云爾者代子路陳也。蓋其視天

一節定處備具前文只從女奚不曰寫意

下智愚賢否之儔無人不克以由聖。而其視吾生本末終始之故無事不可以對人。縱未嘗詔吾徒而來。猶將舉其所以為人者與天下共見而共聞。而為之道夫先路。縱在彼未相悅以解。而第言其所以為人者。令天下將疑而將信則已。若啟其機緘。而豈真謂

連環已解

葉公知我急欲一吐其胸中耶。蓋觀示由數語。落落然。渾渾然。初

妙會

不及葉公者。而子之意亦大可見矣。而葉公之人亦從可知矣。子

○結○構○主○腦○

路不對有以夫

以子路不對句為主倒攝下節拔趙幟立漢幟然控下節本位妙復安堵如故也只是分數明邊顧公

庚辰夏有持顧先生有常文請業者先生粗為點定閱亦效作爾語巧心妍手幾亂楮葉存此以舉一隅　施洙注

葉公問

葉公問孔子　全章　未刻　孔毓璣

聖人終身於學，無不可告天下也。蓋自子路不對，而子之為人愈隱矣。抑知其好學之篤者，何不可為葉公告乎？且議者動謂聖不可知，夫其學之歷終身而不倦者，誠非聖人不能為，而究非人人之所不可為。胡子路於葉公之問，而竟不一置對也？抑知夫子雖合德于天，而其所自盡者則人事耳。夫言天道，則將求夫子於過高而不言人事，則又失夫子於卑近易行而無以共明其體要。故急為子路告曰：由乎，女與我周旋久，我之為人，尚未之知乎？女奚不向問者而直陳之曰：吾師之為人也，不在人意中也，而亦初不在人意外也。大抵求得

（以代言之故文氣漸古）

（勘出夫子所）

（安插得好）

而求之也不惜殫力思之惟懼其不入蹊之惟恐其不勝如有所迫
之使赴焉而又何者得而聞之既得而居之也必盡其情思之苦者
其味獨甘賤之篤者其意獨慊如有所引之使長焉而又何者得而
一片
困之夫忘食之久而得樂也忘憂之久而又將憤也憤與樂相尋而
其年殆將老矣乃志以老而益堅理之來得者猶然前此之精進焉
氣以老而愈奮理之已得者猶然前此之鼓舞焉是故知有憤知有
起此融貫 樂忘憂 不曰神情
樂而不知老之將至也其為人不過云爾也以此相明庶使知吾道
之初非莫殫莫究而返求之平近之地若之何以秘之者置之也以
此相示猶將疑吾黨之匿其高若遠者而故託下沵邇之途若之何

以置之者神之也由乎吾甚無解乎女之不對也然聖人於此雖止自道其下學之實要其終身于學中而莫之或厭者亦具見至誠無息之德焉微特葉公不知即子路代言之亦不能親切如此也夫子蓋人也而天矣

意迴環

入奚不曰以後逐句分疏却自一氣貫注不至若時文撏入吾之為人等語致傷夫子代言口吻也要惟純用朴質故能曲曲傳神

劉翼微

葉公問

葉公問孔　一章　　朱錫鬯

聖人之爲人、無不可爲問者告也、夫世謂聖人何所專學而不知其爲人之好學乃爾、子路宜爲葉公告矣、且凡震驚乎聖人之爲人而疑其太高者皆過也、夫聖人固與人均之有事於學、而人皆不如聖人之能不厭以終身、蓋此特衆人不能持久之過、而非聖人之有以異於人也、夫何不可名言之有乎、一肯若夫子之爲人、豈非所謂天縱之一人哉、顧嘗致嘆夫人之嚮道而行者、而稱其忘身之老不知年數之不足、意若厭然有嫌乎其爲人而不及焉、然則夫子之爲人、其俛焉日有孳孳而不敢以生安自居、固非昭然可知也已、乃子路于

借衷[illegible]市[illegible][illegible][illegible][illegible]晴摯下筆囊攄

經爲題旨

爲、乎、名、

甲戌科大題文選　　論語

題葉公……女奚不曰對對

葉公之疑而致問而不知所以置對不已過乎子曰女自始從吾游日與吾周旋而遂至于今而吾之身亦既老將至也而女猶不知吾

矣不同三字作三層點

之為人矣乎女宜以吾之為人告之同乎大夫而見有老于誦讀中者其食也哉以情而忘焉其憂也哉以樂而忘焉蓋往往以為迂儒

所發憤

也而忽之矣而豈知會是更無以得善夫子之為人也哉一從旁而計

二句總併入來句

其歲時歲時則已逝也而間措當身第覺無往而非勞我形神之候緜往而非娛我情性之區時變易焉而學之專焉者知故也歲遷更

馬而學之尊焉者知故也蓋甘苦相尋而不已而其年已忽忽而將

降字

寡矣由今而觀其日月日月則已多也而遡其從前第覺忽焉而化

容嗟為欣賞愁焉而變悅懌為焦勞日復一日而學焉殊苦其不給
也月復一月而學焉終苦其不給也盡得失相循而迭至而此身竟
冉冉其至今矣其為人也則何謂云爾已矣而女曾不之告也吾恐
問者將疑吾之得自天縱而非人力所能為下學所可幾也吾則豈
敢當乎女奚為而出于此哉是則女之咎也夫子之曉子路如此而
吾第不知葉公之聞斯言而遂無疑于夫子之為人否也
夫子代子路說作者又代夫子代子路說層層摹勒無不神致飛
動鶱龍片伎倆未云幻也將發憤二句攔入來句中最寫得註
中純亦不已之意出

葉公問孔　全章　邢曰玟

欲知聖人之爲人、當于其學思之也、蓋夫子之爲人、固始終于學者也、憤也樂也、不知老之至也、何不可知、而又何不可言哉、且世有聖（入王鏊門快）人而天下之知焉者寡矣知聖人者寡而言聖一人者于是乎難難然聖人亦何異人之有極生平之得力不過純其所學而止而究無知之而言之者宜聖人之自知而自言也何哉葉公問孔子之爲人而子路不對也夫天下之震驚夫子而疑其爲人非一日也幸有過而問者而復爲之秘焉而弗宣將使疑其人者謂必有新奇詭異之爲聖人何樂乎天下之想望夫子而慕其爲人非一人也幸有可代爲言者而復為之識焉而不吉將使慕其人者謂必有甚高難能之為聖人何安乎故夫子聞之而以対子路者対葉公也曰女將以我之為人有不可知者乎女將以我之為人有不可言者乎而予不爾也紬居偏節不在今之發憤忘憂而不見吾當食而不食乎則正吾發憤時也向往殷而美好俱廢精力迫而嗜慾悉捐同此飢渴之事而志稍專焉而氣稍斂焉則謂之發憤忘食也可一而不見吾有憂而弗憂乎則正吾樂時也中懷憬而外感莫之能易天機洽而人事不是為累同此歡愜之致而意較篤焉而情較深焉則謂之樂以忘憂也可一而不見吾憤而樂樂而憤者有年乎予殆將老也芳華云邁疏疏者何有頹息之思耄耋漸臻

學者揔無倦勤之日極其苦之相循而心未有已焉而力未嘗懈焉

再隱二比赶出末句神气酣足

則謂之不知老之將至也可益生平之嗜好無他惟是學問一途差

堪為慰藉之端畢生之行事無奇祇此無倦一心有若將終身之致

于之為人云爾已矣女奚不曰其為人也云爾已矣斯言也亦夫子

之自言云爾設使子路而对葉公子路未必其云爾也然使葉公而

問于孔子孔子亦不遇云爾也乃云爾者正葉公所不能知也亦子

路所不能言也

有段落而無斷續于態萬狀歸于如題篇如股股如句于斯文遇

之

葉公問孔　全章　　杜淇英

賢者不輕於論聖、、人因代為告焉、蓋學至聖人、則不易知、而學至聖人、則亦無不可知也、終身皆憤樂之境、何難代為子路告哉、今夫人之之可以一望而知者必庸人也學之不可數言而得者非寔學也世有聖人其神明固不易窺而要其一生之功力亦止循循於其等之途而未嘗有矜奇立異之思乃世之人輒以非常求聖人而學者又從而隱焉此則聖人所甚懼也何也天下道德仁義之途上哲之所趨而赴者不可謂常人遂難耳而目之也天下日用行習之常愚不肖之所知而能者亦不聞聖人遂可超而越之也即如我夫子者從事躬行不厭不倦蓋終身力學人也而葉公顧未之知因向吾徒而致詢焉不可謂非有心人矣而子路竟默默不對吾恐無以慰葉公之問而遂以起天下之惑也夫子聞之不覺躍然有動而言曰由爾女何默默哉女之與吾其相與周旋者非一日也吾之為學其可以自慰者無幾事也女奚不曰其為人也止此目前之事理而尋求探索但覺況味之堪嘗猶是下學之增修而日引月長遂覺畢生之難懇是故方其求之未得也則憤以生焉學問之故舉以勞人而當前之嗜好中于內而即移惟功力至艱深之候乃有刻苦之一日而一往求伸遂不覺飲食之何以俱捐也及其求之既得也則樂以生焉理道之途俱堪逍遙意而無端之悲憫擾于外而易動惟心思至深入之餘乃有快然之一境而實心自給遂不覺憂虞之何以盡去也

其苦有得之言

嗟乎月征月邁止此名理之無窮若盡其來寧識盈虛之有數始焉而憤繼焉而樂久于其中而樂之後有憤〻之後又有樂憤樂相生而不知老冉〻其將至也則可為如是云爾女何默〻哉令而後葉公可以無疑矣而斯時之于路亦遽恍然悟默然解也

親切有味確是聖人現身說法

杜斐君無黨新　　上論　　葉公問

為妙

敘地討
渦辱為
子路覆
說一番

○○葉公問孔子 全

李叔元

時有疑聖者聖人獨名其心焉夫一憤一樂以終身皆其心之不容已者也是可以釋疑聖之葉公矣且聖人所以成物我惟此好學之心耳故聖人言學而天下奮也賢人不言聖而天下疑也如子路之不對葉公是益重疑者之心而豈所以尊聖也子聞之曰丘之為人有不可與葉公道者耶非也子奚不解葉公未諒之見而發吾不容藏之心曰其為人也吾見其發憤而已食忘之矣見其樂而已憂忘之矣見其憤而樂而已年忘之矣夫人孰無憤而吾之憤為學而憤也未見食之有切于學者而猶知食乎人孰無樂而吾之樂為學而樂也未見憂之有外于學者而猶知憂乎一憤一樂無間斷也且憤且樂無先後也不惴其

只如此自妙

句句佳

擇之說憤樂不分未淺已淺

蘇格老

形之有盡而竊欲存天地不已之神不覺其生之有涯而竊欲師天地無始無終之運故近而以一憤一樂當吾身之一呼一吸遠而以一憤一樂當歲月日時之一往一來又安知老之將至也耶對之者不過如是云爾而何以不言也吁此下而上也聖而天也學者求聖人之樂而始於聖人之憤求聖人之憤而休以吾心之憤則知竭力可以見卓爾三省可以唯一貫矣

雖教子路對亦將一生心事明説一番敘爾再説題面當然非為難曾敎面卿為之者至一片机神真類姑射之仙　宋羽皇

極平極淡可歌可傳兒時于清来集中讀之便沉湎濡首而逐隊名場為依様葫蘆所皆至今未能學其一二愧矣愧矣

葉公問孔　全章　　李嗣岱

聖人可學而至也、當觀其所為焉、夫夫子之所為者、學焉而已、葉公即不知、子路何弗與言哉、且聖人雖有神靈絕物之號、而究不離下學上達之功、蓋愈學則愈聖、及其聖焉、愈不能已於學也、此聖之所為而人卒莫能及也、無如相震於其名者多也、彼葉公者、有異於夫子之為人、而問於子路、子路亦以夫子為難言、而置之不對、是二人者皆高視聖者也、高視聖必其卑視身也、夫子曰、吾何以異於人哉、吾亦學吾　丁而已、天下之理、茍安於一得、則一涉而已、無餘而不甘於半塗、則愈求而愈無盡、當其聰明未啟、不覺望道若迷也、此

（犀利）

（清以快）

時而用吾憤憤亦盡憤之情矣心知篤好而氣與志以相從鼓之舞之有不盡其〻者矣雖有可井可嗜當前而視之若淡也則以為發憤忘食矣及夫心力既竭不覺天嗜其衰也此時而有其樂樂亦盡樂之致矣理得心平而形與神以交暢所〻然焉有莫名其得意者矣雖有窮通得喪之遺故能化以齊也則以為樂以忘憂矣持是以往幾習以為常矣故至今韶光雖逝忽〻將老而[illegible]憤時樂之心則固不困之少歲也人〻之老者或優游自適往往有少年聞道白首無成者吾不敢以虛此日之居諸人之老者或倦勤自止往〻有〻才力莫酬者吾不敢以荒此暇之歲月吾之為人則可謂

爾乎女奚為不知知之奚以不言哉而使葉公不得聞所聞而去者皆女之過也然則觀於此益可以知聖人自強不息之心純亦不已之德也雖聖不自聖亦聖日益聖也

摹寫聖人身分愈平常愈覺有味門生陳梅謹識

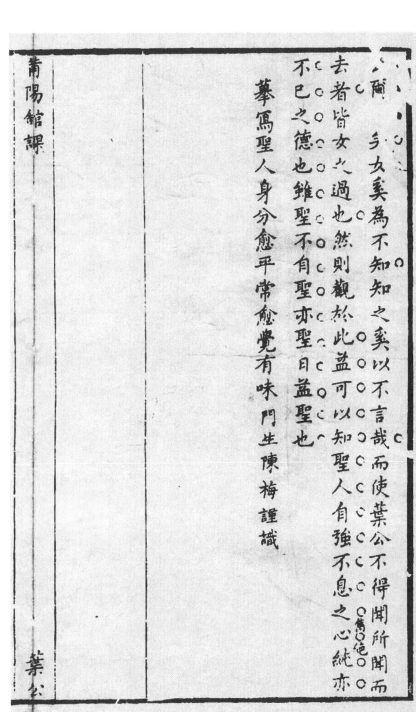

○○○葉公問孔子 一章 ◎

荊丘鰲裴學師 宋如金
月課本學一名

聖人亦學人也，無不可以共白矣。夫夫子之為人，將責樂以老矣，子路顧難言之乎。且世胥莫測聖人之為人也，而竊竊然震而驚之，夫聖人之于學也，亦猶夫人耳。特其精勤之至，終其身無或少間于中，而人乃去之彌遠也。則固非聖人之別有神奇，而何難深悉乎其人也。吾夫子嘗自道矣，曰為之不厭，可謂云爾已矣。[illegible]啓知下歸之乎。何居乎葉公欲悉其為人，而顧默默焉不為置對也哉。彼將以流俗人之意見，既不足與深言；而美盛德之形容，又未可以淺喻。其不知所置對亦宜也。然而夫子滋懼矣。夫世之人，方日求夫子于神靈絕物之域而鄙棄乎下學之務而吾黨之士素相習其為人者獲有所深秘而不言是蓋以滋天下之疑而莫知所指歸也子曰女過矣女過矣女與乎周旋亦已久矣乎今亦將老矣女不見乎之翩然而勃然者至于今而無時已耶女不見乎之渙然而怡然者今而無時息耶時而當食而忘味也予誠弗自禁其憤之何以發也慨一行之未能而憤甚矣嗟我躬之何有而憤更甚矣感慕激切之懷若將終身矣時而臨事而忘憂也予誠弗自覺其樂之何以深也忽共欣其有是而樂甚矣忽不圖其至斯而樂愈甚矣歡欣鼓舞之致若將終身矣而時且疊疊以過也自少而壯憤與樂不知幾遷而竟忘吾

生之有涯也而老且冉冉以至也過此以往憤與樂不知安窮亦已
覬素行之無奇也則亦不過曰其為人也老于賁樂中而不自知云
爾而女奚為默默也哉雖然自子畧言之而天下之美已莫有加焉
子路于此正恐淺言之而不盡深言之而愈晦處以悉其為人耳故
欲得夫子之為人必于其自道者窺之矣

下片靈機飛舞空際正覺當日語氣于今猶活[illegible][illegible][illegible][illegible]眼前
意拈来翻為絕也

葉公問孔　一章　　周弘勳

聖人之為人、非學者能為問者告也、蓋孔子之為人、學者欲云爾而不能、問者聞云爾而莫信、則固莫能以云爾而猶不能者為難信其云爾者告也、且世有聖人、則將從而聖之、又必將從而人之、從而聖之者聖人蹇亢優乎天之德也、從而人之者聖人乃克裨乎人之功也、夫聖人而蹇優乎天之德、此流俗之所望焉而心駭者矣、惟聖人乃克裨乎人之功、此又貿知之所黜且所神悴者矣、則皆無以相命也、如孔子之為、云是三代以上之人、何其意氣之甚近也、不爾也、云是三代以下之人、何其精神之獨遠也、又不爾也、所以有葉公之

二刻合稿　上論　袁景居寀

問乎乃孔子之為人云是勤敏有獲之人何其神明之不測也恐不
○首節人西ゝ也不知○問次問之深意不ゝゝ不对之曲○心而夫
爾也云是徇爽迫之人何其甘苦之倍深也恐又不爾也所以有
乎之為人正○好此依脈
子路之不對乎而要之孔子之為人吾其德性之純備雖子路當有
莫能窺其蘊者也而計其振作之黽皇即葉公亦述不可與言乎哉
孔子者固所所樂天知命而不憂者也則宜其有樂之時無憤之時
○老○覺○六○長○夫○子○全○條
有知順於道德而樂將終身之致無刻厲於進取而時覺獲心之業
以是而謂其不知老至也其誰曰不宜而正不然也心涵萬著之拄
矣為夫子寫題
微則固無有未得之數也而未經變衝于其塗則此心無可自驗之
日故以全體之精微亦有一理之未迎其相迫有深焉者矣一心具大

德之別源本同，無非已得之數也。而出其一本散萬殊，則殊塗愈親同歸之用，故以資深而逢源，反若創獲于意外，其樂[illegible]有得焉者矣。因是言憤樂，則知有憤，知有樂，雖當前之食與憂，且忘之也，何有于老至。憤無窮，樂亦無窮，雖此身之倦勤而無所許之也，之[illegible]有於食與憂。使子路而知此，當必曰：其人固已至此也，而實得[illegible]無，曰其為人也。使葉公而喻此，當必曰：其人乃遂至此已，而奚得發謂，曰其為人也。乃自夫子之自言，則又異甚，不與人同憤，而憤之跡無不同也。不與人同樂，不[illegible]之狀無不同也，則見為猶是人之憤樂也云爾。抑不與人同憤，而憤之情歟？之人而彌苦也。不與人同樂，而樂之情較之人而信摯也則見為不僅猶是人之憤樂也云爾且不與人同憤而同是得憤以□身不與人同樂而同是尋樂以終身則不備循是人之憤樂而自見為猶是人之憤樂以終身也云爾本生安之請而致功若在困勉以下以默成之後所望道乃在異世之餘向使子路而能言此也以曰其人云爾也哉所謂默焉而神悚者蓋葉公而作聞此也果曰孔子云爾也哉將愈望焉而心駭者矣故曰聖人之為人非學者能為問者告也

今人作文不能摘出見解而徒傍前人牆壁雖累言萬聲予謂不知其已甚此文能于夫子語描出夫子全身杖履謦欬如聞如見

上彷彿形似者此耶其心思識力稍不如此不可謂能文也如予則惟退而自惭已耳　放溪

葉公問孔　三

葉公問政　全章　　崇文監院　胡元熙春如

示楚臣以說來所以關霸政也夫楚但知慮近威遠公問政而告
以說來非即以關霸政歟昔周天子本周南之心行召南之政汝
旁江汜問歌魴尾頌騶牙雍雍乎有遐邇禔福之休焉自芊姓啟
疆歷穆莊共康郟竇累世爭以霸圖勝卒之一編進謗而五戰奔
師論者謂熊通之遺制無存離次之令典宜擇也而不知非關其
霸政不爲功葉公深見數年來邇騷離遠距違霸業乜非國勢日
蹙葉以一邑當其衝因進夫子論政凡以求復霸也葉爲方城外
蔽近界一否溪臨邑遠控洞庭蒼梧政非扼中外之咽喉此日累石

連山未足妖雄圖於南服。公又縣尹賢良近思平四族於魚陂遠期固七國於雞父。政非攬表裏之形勢他每令尹司馬更難副與望於北門。夫子曰政統之以遠近而驗之於說來亦去其雜霸而已。今將佩望皇之劍服寢門之履駕蒲胥之車願與諸夏絜短較長謂行政不可無遠慮似也無如遠者未見臣妾惟命近者先同水火難謀。今將賜止山之鳥悟舊翼之蟬賞射獵之兕期與國中興利除害謂行政不可荒近圖似也無如近者或免巴濮生心遠者尚虞曹鄭辭難。今將田孟諸以求東諸侯戰鄢陵以求西諸侯築章臺以求北諸侯樂與臣庶兼容并包謂行政貴由近及遠似

也無如遠不來由近不說諫徒誅七十二人近不說遂遠不來也
空併二十一國而今且次第籌之剝圭受戈非說出璧去纓亦非
說竊馬獻俘非來奏金好屈亦非來君子觀於說則惜期缺纔來
則戒以鑄兵藪旅巢賄慎之風已邈也公而政切撫綏也近不徒
十一年議竊遠不徒九百里揚威而鬻子檮杌之書可弗錄近者
去費鄖近為宜防子勝遠圖爭宋鄭遠慮蔡備勾吳君子觀於近
則治以貫日遠則明以剖心知大彭豕韋之習未消也公而政求
安靖也說非徒市惠雲連來非徒勤民倉野而若敖蚡冒之訓可
就刑子告葉公如此或曰鬻熊文王師熊繹成王相開國之政霸

遁於粹然而保荊山之粹始可封召亭之棠黜蕭宮之戈始不泥溪川之玉我周柔遠能邇之規豈尚威力哉故於葉公論政而知其闢霸政云

沉博絕麗典贍高華 元評

葉公問 胡

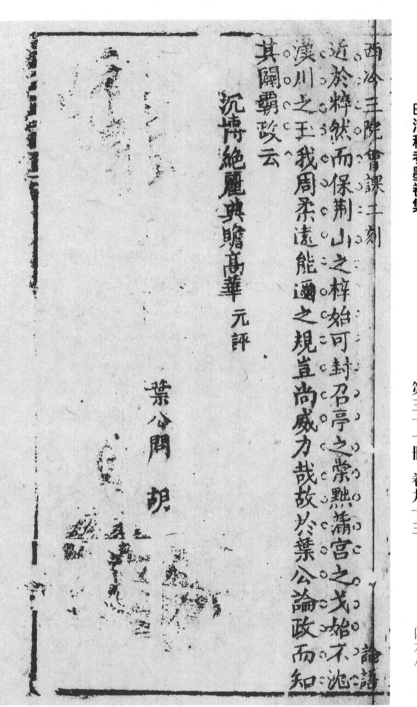

葉公問孔子　全章　　曹　鳴

聖人無不可與人言者、始終、一好學而已、夫葉公之問疑夫子之為人也、何子路不以子之自道者為葉公告乎、且天下惟聖人能言聖人、而外此皆無與者也、彼未嘗親歷其事、未嘗身入其中、固什不得一焉、即為其事者有年、入其中者有年、而造詣懸殊、亦茀心知之而不能言、傳之此其分也、若是則亦何怪乎葉公問孔子於子路、而子路不對也哉、或曰以葉公之震驚夫子、而以為異人、非一日也、頼吾黨與質言之、彼始知有真聖人焉、而頑鄙之不屑與言亦已甚矣、或曰以世之想像夫子、而各以私度、又非獨葉公也苟得一人而顯示之彼不嘗親炙聖人焉而傾祕之不以告是蓋之疑矣而不知子路之不對也實有難以對者也夫子聞之曰由乎女不見予之為人也乎予生平有何奇異而惟此義理一途不敢為半塗之廢不敢有厭倦之乘時而思之苦志之激也則惟知（合發力太思深）有憤時而渙然釋怡然順也則惟知有樂當其精神之所聚更無（長調似鹿門）餘念以相參綜而計之蓋閱歷數十年憤與樂環相生以迄於今也雖日月逝於上形神衰于下而長抱此憤樂之情幾忘年歲之不我與焉舍此而吾無以為人矣予生平無他嗜好而獨此知行兩事不敢以未得而畏難不敢以已得而自足方其求之敏進之

決也往往有忘食之時及其信之真好之篤也往往有忘憂之境

（一氣泮成）

此中積累之所盈亦更無餘事以相入追而溯之蓋俛焉日孳孳

終吾身於憤且樂而無已時也雖人之才華老則漸退而吾之志

（妙）

力久則彌新惟悠然于淡忘之境而不復計假年之難得焉含此

而吾別無所為矣我之為人如是云爾女奚不以對葉公也盍噫

（見得真說得出）

此夫子與天同運之學也語其功則人人可為而人自不能為語

其詣則人人可至而人必不能至即親炙夫子如子路者猶且心

（兩層結束一為）

知之而不能言傳之又何論葉公之瑣瑣者乎然則夫子若答子

（近山一為遠峰）

路之不對者何曰此夫子勉天下好學之意而特於子路示其微

者也若葉公之知不知則所弗計也

氣脉法密於正大中自具洒脫之致非老手不辦○王遵一

巾二比情致纏綿能手尚可到前後蕭脫堅瘦此題獨絕○徐沂再

桃花流水杳然去別有天地非人間

葉公問孔　全章

張坦

聖人學不厭之心，惟自言之以示人也。夫天下疑聖人者，疑聖人非常人也，乃夫子止一好學，終其身如之，何不對哉。且夫人之高視聖人者，非惟以聖人為難學，且以聖人為難言，乃自聖人言之，而聖人真非不可學者也。彼其人固始終一好學之人，而世之推而高之者，（從夫子說來，當驗篤首肯。）皆無與於聖人也。（新警。）昔夫子生平嗜學也，無日不願與天下人共言之。彼葉公者，惜乎其未從吾夫子游也，使其朝焉夕焉，而見吾夫子之汲汲乎其有所求，油油然其有所得，服習其中而有終身不厭者，（全題皆見，却不犯實。）必且怡然信聖人之為人云爾也，乃疑焉而問之，而不意朝焉夕焉如（即朝轉上說。）

妙甚

子路者頗未能言之也夫子曰余之為人也而女將謂有不可言者哉奚不曰其為人非有非常可喜之事使人震而驚之云爾也非有奇尤異稟之姿使人遜而謝之云爾也今舉天下之斂者熱者園而求通者苟其有志於學問之一途而好之極其深而求之極其篤則

先就他人翻寫處皆虛

莫不能激其潮然勃然之心而以憤焉則莫不能鼓其渙然釋然之情而以樂焉則莫不能端其專一之致而忘其所不能忘情者而致致惟日之不足焉蓋非學之愧人者深而心之所不能自已也而其

一從憤使貫

為人也豈有加於此哉蓋亦嘗憤其心之無所得而憤之外若或忘之亦嘗樂其心之有所得而樂之外若或忘之亡何憤樂相尋而進

吉雋

而無窮求而不息遂老於其中而猶未之或知也是其為人也自以為甚脩也而人以為奇其奇亦不過云爾也自以無以異人也而人以為有以異於人其異亦不過云爾也亦何有不可與人言者而女何為默默焉已哉然使葉公真有志於慕聖人者試自以身求憤且樂而竭其生平以黽勉於學之中夫乃誠然信聖人之為人其言不余欺也若徒於對不對之際求之即由朝以聖人不知其果能以未予之言為然否也

將題之實義從旁處側處透出而其正面只一撥轉便合極得化實為虛之妙趣更新警奪目

葉公問孔子　一章　張大受

聖人無不可知、無間其好學之衆而已、蓋學推至之而後知也、情與樂之中、殆將老焉、惟聖人能自道其為人耳、且天之所以與于人者何為也哉、葉、焉學之不厭以終我身而已矣、然或無所得而自盡焉。或有所得而輒遷焉。舉學於聖人、而不知聖人終其身於學之中以盡人之量也。葉公問孔子而子路不對。鮮知夫子之為人。有不易言者乎。夫吾黨學夫子之學久矣。從見夫子之縱於天。而不知其無一息而非憂患也。令閱發時矣。而猶莫諒其人之汲汲耶。徒見夫子之厄於遇而不知其無一息而非泳陶也。令閱

發時矣而猶矣前其人之亹亹耶乎曰吾何異於人之為哉時而
憤也憤忘食也時而樂也樂忘憂也老將至矣而吾則何日而無
憤之迫我耶藏焉修焉之倏儼乎若思也惑乎若迷也雖欲不忘
輕帶不知老之句　仍縮發憤
食得乎成於思不敢躁於隨吾力不覺其易倦矣今而後終無廢
句
斯憤矣而吾則何日而無樂之賦我耶息焉游焉之餘渙然其釋
也怡然其順也雖欲不忘憂得乎苟有可觀皆有可樂吾年不覺
仍縮能以句
其忽衰矣今而後終不改斯樂矣當其憤也而樂何有及其樂之
而憤不知一日之間甘苦備嘗焉各盡乎為人之分也一樂何由也
困困憤而得憤無盡也又自樂而深首年之久得失輸贏旦莫釋

乎為人之責也而奚不以此語葉公哉然聖人之為學如此苟非造乎其詣終不能知之而言之也則寧不對而已

章法渾成筆力秀潔余得際薦文脈 汪武曹

須看其用意處都在提掇過接之間通體完密能以少許勝人多許何以及

説理之文飄飄有淩雲氣意在筆先神游象外 余以寧

葉公問

葉公問孔 一章　陳俊

聖人之學無不可示人者也夫憤樂至老夫子終身學中人也而子路何不可為葉公告乎且一生之性情學力而有不可與人言者必非聖人夫聖人者千古之學人已耳其生平得力亦止人所能為與人所不可不為之事而或求之過高則轉失之已昔葉公之問孔子背聞孔子之聖也久矣聖不可知其所以異於人惟從遊日久之子路知之其問孔子於子路也蓋欲得孔子之為人也云爾子路奚不對哉豈以葉公為不足與言與則是以知能行習之常而若有驚世駭人之術不免以天下來學之機抑以聖人為未

其輕言與則是以朝夕共勉之士而若有神聖獨標之能愈益滋
當時莫究之議此皆未識夫子之為人也夫夫子自少至老何日
頃二小山有句
非學中人哉是故天下之推高聖人者神奇之號而不知聖人實
處其至於天下之擬議聖人者渾化之名而不知聖人實有所致
力則試觀夫子於憤樂迭境之際力與之相赴神與之相愜終身
與之相循於數十年之勤求不敢謂有大過於人之事則試觀夫
子於憤樂兼致之時不可以欲忝不可以境遷不可以歲月計積
數十年之閱歷實未嘗有或出其位之心於今忽忽老將至矣其
收結正大
為人如一日也然則夫子固無不可為人共白而子路奚不曰也

雖然人苟不自棄未有無所憤無所樂而倏忽以畢吾生者聖人亦同此情耳惟其中獨喻之處心得之妙即在夫子亦不能舉以告人安可以之責子路一人即知自勵要亦偶然憤適然樂而誰則永失弗移者聖人乃獨極其至耳故其中閱歷之殊境地之異門在吾黨亦不能取以相証者何可以之語葉公要之舍下學攻苦之素固無以見聖人即生平敏求之恒亦足以謝知己令天下後世得以學夫子之學而見夫子之為人者亦葉公一問力也

欽全體至極有求聖人不能及之意自不可

掉轉另作一波

一類語似直捷文情極於二惟婉至乃覺有拔處非聖人不能自道也

葉公問孔　陳

葉公問孔　全　　陳祖范

聖不難言、可共喻其下學之情焉、夫聖人者、欲同其所學于人也、憤樂忘年、何不可以共喻、而顧秘而不對乎、嘗思常人之情騖乎欲、聖人之情極乎理、以情入理、以理制情、理之為塞而為通、即情之為逆而為順、其一而不舍之致、亦與常人之騖欲者相似、而天下可以共見其心焉、葉公發之良也、而問孔子其所問之當否固不可知、子路吾門之選也、而漠焉不對、其不對之深心、當必有在、然、而夫子者、為人之極則也、誰不為人、而可不識夫子之為人乎、故天子無求知于世之心、而亦有願白于人之隱、上達之妙、已亦

陳亦韓稿　翰語

難名而下學之情衆堪共喻不禁自道其為人曰吾生祇此一事之轉輾于胸懷不過兩情之交縈于寤寐謂吾淡漠誠淡漠也謂吾精專誠精專也女不見予之發憤耶天賦我以性而不能復也則仰愧于天人範我以倫而不能盡也則俯怍于人一日未學虛此一日一日學而無得虛此一心如是而為人是終于愚不肖人也如是為人而漸老無異于徒飲食以老也能勿憤乎憤之發而（憤後功未）不覺力憤憤忘志因憤一功由憤憤積未得者亦疊疊乎漸漸得矣（卯下）則樂矣女又不見予之樂耶理為吾心所固有之理而幸復其初（若云樂道便成兩件）也事為吾分所當盡之事而幸踐其職也亦不知所快意者何在

而第覺洋溢而優游烏可已于日用之當然而不知手舞而足蹈

樂則生矣

如是而為人亦差得夫為人之味也如是為人而終老庶不至憂

傷以老也而不亦樂乎樂之至而不奪于己私不遷于外誘不憚

又含節下

于小成之得者可繩繩乎常不失矣而吾亦老矣回思十五志學

以來所堪慰者知行交勉與年俱進未嘗與年俱衰所自傷者遲

暮無聞而困勤假年之思而困懷沒世之疾蓋忘食忘憂而老亦

與之俱忘矣吾之為人如此何不可以對葉公哉夫子路不對誠

有所不屑對也然即對而豈能言之親切如此

不落空詮不事譸詡朴實頭地全體畢呈于駿方城而外又出

一奇　王子重先生

葉公問孔 全章

陳際泰

聖人始終好學之心可對人言者也蓋憤樂相尋至老猶不衰者聖人好學之心也子路不以此對葉公何為哉嘗謂聖人之名中國不必甚知而夷狄知之能通裔境之臣而不能回世主之惑亦以異矣

呂云不切子路不對義

願賢者有守節之固而聖人無遠人之適葉公之問子路之不對也夫使人謂聖人門戶之峻其失小使人疑聖人道術之奇其失大矣

竭齊向即能全節意

故夫子曰由女奚不曰吾之為人也其為人也予之以生知之名而不受也人妄推尊也云爾而非其人之本云爾也蓋有所勵而自出者焉其為人也予之以半途之廢而不受也人復墮棄也云爾

而非其人之亦云爾也。蓋有引而自堅者為是故當其發憤也非有餘事之相觸而獨是然然不自得者勝于人世也。總尤食當前而往往不知御者此也。蓋至衰疲而此緣尚未謝矣。當其樂也非有快意之相遭而獨是躍躍不自已者借于人情之發舞憂中來而往往自斷絕者此也。蓋至遲暮而此習尚未改也。蓋生平無他嗜好而獨學問一途亦自結習之所至生平無他繆巧而獨好學一事亦自論諸之所長甚矣吾老于此中而尚未止也然亦吁矣甚矣吾老于此中而尚不知也然亦辭矣稽其本來而究其心神始一好學人也既有何不可對人言者哉

呂云施未句盛殺尚然

最得來句聊畏

評

若就憤樂循環以疏不知老之將至。當更淋漓痛快于詳中純亦不已意必當更加醒豁。此似不能也。然其文情正自雋異可愛。

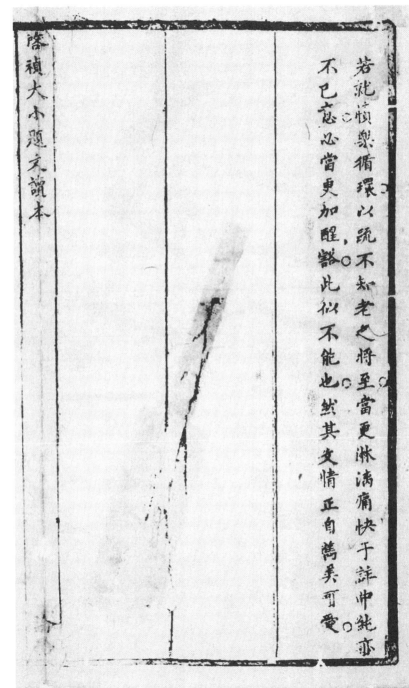

明清科考墨卷集

第三十一冊　卷九十三

葉公問孔　二句

江蘇劉宗師歲入　蘇州府學二名　錢廷熊

以不知聖者問聖故欲對而難其詞焉夫孔子自有所以成孔子者而非葉公所能知也問而不對豈子路之不知孔子哉且甚哉聖人之可知而不可知也以為可知而斯世之求知者多矣以為不可知而吾黨之能知者鮮矣當其諄然相質若有可以意會而不可以言傳者人苦於不能洞悉聖豪于無可形容發問殷置對難矣昔我孔子擅天縱之才切敏求之志祇堪為一己信不足為外人言以故及門諸彥且莫識其量之高深而凡當代羣公又孰測其德之至極哉乃一日者葉公問孔子也曷故或曰是淺視夫

孔子也多能之目傳聞焉而疑其何以致也或曰是深異乎孔子也仁聖之稱驟聞焉而驚其何以然也且其問於子路則固有訝天下惟親承者有以得其真子路之從遊最先則侍側之見聞殊切天下惟熟悉者有以按其寔子路之取材已久則升堂之階級可明維時葉公問焉子路對焉庶幾可以破其疑堅其信而天下後世無不曉然于孔子之聖乎雖然問者葉公也葉公則烏可與深言也所問者孔子也孔子則孰能以名言也凡人挾昭曠之觀則聞所聞而來見所見而去知其鮮者旦暮可遇也乃南蠻一縣事竊欲瞻日月之光華雖繁稱曷有當乎淺人未可以淺語毋宗

（層折分明）（羅清疎）（頓挫風流）（綿邈生氣淋漓）

然而息矣抑人據耳目之近則乎可得而指口可得而言所謂聖人作如是觀也乃東魯一布衣末由歷宮墻之美富雖悉數詎能終乎至人未易以妄窺何容贊一辭矣然則子路于此將以粗者言之而已膚也將以精者言之而又誨也懲率爾之非不覺詘然而自止將以聖之始事言之而未得其全也將以聖之終事言之而未盡其大也凜闕如之意足令茲然而長思則其不對葉公也固宜蓋在葉公謂吾徒而來請方謂從學有名賢無難徧觀而盡識而存子路事先生者有年且謂聖門多秘青何妨欲辨而忘言然而孔子之為人自昭昭也

細切不浮

對收朗澈

反主心星

著手成春可人如玉中間照註二義雋妙絕倫惟其有筆故能

于陳根中自出英華　廖南崖

葉公問孔　全　　　錢萬選

聖篤於學、無不可對人言也、蓋孔子之為人、固老於憤樂中而不自知者也。子路何不以對葉公哉、且天下有不可知之聖而聖人無不可知之學、如孔子之為人、聖而學者也、亦學而聖者也、而不學聖人者不能知其為人也、如葉公之問是也、而學聖人者不盡知其為人也、如子路之不對是也、而孔子則自知其為人也、而孔子則自言其為人也、其志氣猶夫人也、其性情猶夫人也、其功力猶夫人也、始焉而學、學未得則憤、繼焉而學、已得則樂、憤不忘而憤之外無不忘、而忘食、樂且忘、而樂之外無不忘、則忘憂、追至愈樂

錢䎘樂四書文　論語

愈憤愈憤愈憤愈樂道無可窮心無可已俟無可閒機無可釋誠有不自知者殆將老於其中矣其為人也如此此以見聖人之為人人皆可言也人皆可知也人皆可學也豈特子路哉豈特葉公哉

筆筆把要神理逼現

葉公問孔　一章　　戴田有

聖人好學之篤繼不可為天下言也夫且憤且樂以此老焉而不知其好學也篤矣子路豈猶有未見於此歟蓋夫子之在當時天下固無不知有聖人矣顧習而親之者能詳之而乍而見之者不能也乃乍而見之者欲得之而習而親之者不言也是豈聖人之不可知哉以故聖人雖非以自暴也而亦不敢以自誣且暨昔者葉公之問夫子意中必有一孔子而以問迺子路之不對葉公意中必有一孔子而不對也子曰由也吾以女為對之也必矣而亦然也吾以女為對之也悉矣而竟已也女無亦將高視丘夫丘則何敢夫丘正恐人之

鐵田有時文全集

高視丘而反以文其寔丘涵濡焉自丘與二三子周旋日久而恒有寥然不敢即安之意則於此中也得丘矣女奚不曰其為人也今已者矣無其生平之所為致乙而不已者至今未嘗一日忘也而非有他技能之足述也其生平之所為疊乙而不倦者至今未嘗一念忽也而非有他奇異之足稱也生知安行之名不敢居也然而自棄于庸衆亦有所不敢是故理有未得也則憤激以求於古也學以達于人也而不暇及乎他焉及決理有既得也則樂浹洽而無所於暢也涵泳而無所於厭也而亦沵不暇及乎他焉憤之極而食以忘樂之深而憂以忘且憤之極而樂然得樂之極而憤以生往復循環不為不

（擬發全神）

（樂得純亦呆不息）

奇思出以而無有可窺之期覃思畢精竭經考驗而無得已遲之候而年亦且老矣猶不自覺其為遲暮而所為孜孜而不已者猶是也猶不自覺其衰耗而所為亹亹不倦者猶是也然則數言而可罄矣而已無餘也然則數言而可見矣而繼不可對也女其念之哉人有問我者如生其亦以是對

陳大士先生文神致極飛動但專向虛處着筆而于全體至極純亦不已之妙未能有所發明也逆才飄舉馭風騎氣其中却富有理寔此為超絕　吳荊小

只諷咏語氣咀味神理而通解已透先輩所謂看書之法以實字觀義理虛字當精神也　慕廬先生

戴田有時文全集　葉公問

〇〇〇葉公問孔子　一章◎

國子監吳少司成月課一名　戴名世

聖人好學之篤、無不可為天下言也、夫且憤且樂以忘老焉而不知其好學也篤矣、子路豈猶有未見乎此歟、蓋夫子之在當時天下固無不知有聖人矣、顧習而親之者能得之而作而見之者不能也、乃作而見之者欲得之而習而親之者不言也、是豈聖人之不可知哉以故聖人雖非以自暴也而亦不敢以自誣且屬所諸葉公之問夫子意中必有一孔子而以問也子路之不對葉公意中必有一孔子而不對也子曰由也語以女為對之也必矣而未然也吾以女為對之也慈矣而責已也女無亦謂高視丘夫丘則何敢夫丘正認人之

高視丘也而友以挾其賢丘滋懼焉自丘與二三子周旋日久而狎有
皇然不敢即安之意則于此中已得丘矣女奚不曰其為人也今已
老矣然其生平之所為致力而不已者至今未嘗一日忘也而非有（料然全神）
他技能之足述也其生平之所為盡力而不倦者亦念之與一念忿息
也而非有他奇異之足稱也至知要行之名不敢居也然而自患于
庸衆亦有所不敢是故理有未得也則憤激以求于古也學以達于
天也而不暇及乎他焉及夫理有既得也則樂浹洽而無所于隔也
深緣而無所于厭也而亦不暇及乎他焉憤之極而似忘樂之深（發得地亦不已）
而憂以忘且憤之極而樂以繼樂之極而憤以生往復循環不為不

久而無有可窮之期覃思畢精殫經考驗而無有已足之候而年齊且老矣猶不自覺其為遲暮而所為孜孜而不已者猶是也猶不自覺其衰耗而所為亹亹不倦者猶是也然則數言而可畢矣而已無餘也然則數言而可知矣而無不可對也女其念之哉人有問崇者其亦以是對

陳大士先生文神致輕飛動但專向虛靈著筆以下全盡至極純亦不已之妙未能有所發明也逸才飄舉馭風騎氣其中却當有理實此為超絕

萬物並育而不相害　彭始博

觀于物之並育者而知不害其爲萬也夫物苟至于相害則物亦何以能萬也其亦並育于天地間而已且有天地隨有萬物矣然而天地無心其知物之相物哉乃吾見天地之生萬物不異乎其一物也夫是故萬物覆焉萬物載焉終古並育而無他耳雖物之共稟天地之氣者必有清濁之殊然而清者亦物也濁者亦物也各有以自全而無或缺也一物之受質于天地者必有厚薄之判然而厚者亦物也薄者亦物也各有以自衛而無或蓺也而猶相害乎哉此勢居其敵者則爭形遂因之而立故物之並育是相害其所由伏也然其

形彼此不相亂其性彼此不相侵則雖在同類之中而不害如異類（是各足）
也則害之機息矣凡勢居其囊者則爭心又因之而起故萬物之並
育是相害之端所必見也然仰焉而同其所兼俯焉而同其所發則
雖處異類之中而且引為同類也則害之端泯矣且物惟不足以遂（舜是各續翰）
其生于是見有獨遂其生之物則思有以害之令既各適其所以為（焉氣排空言）
生則不至以不足者逞毒也即含生不無爭戾之滋而羣物者則更
以太和消之夫乃多而益蕃焉耳抑物既足以遂其生而又見有不
遂其生之物則更思有以害之惟能咸若其所以為生則不至以有（好處樂）
餘者侵陵也即麼類不無夭札之傷而體物者則更以不已命之夫

乃觀而無猜焉耳一存見散處於天之下地之上而不至于相禍也彼
其不相傷者正所爲無相角者也且聚處于天之下地之上而不見
其偏盛也彼其不偏盛者正所爲無一傷者也此天地位而即萬物
育無所不覆載乎

並育不害在仲尼如尊賢容衆嘉善而矜不能皆是中後四比實
從此體出不但善道物情也川流敦化處處映照于全章更復絲
絲入扣筆致窈折深秀絕類包長明　韓慕廬先生
同類不齊異類異類引爲同類備遂其生與不遂其生自蘊義理
但覺空明只似筆頭轉換欲極耐玩味此爲得大士之深也

第三十一冊　卷九十三

萬物並育而不相害　　謝汝梅

物無相害物亦不自知也夫萬物並育宜其相害矣而正不然此萬物為之耶物非萬物為之耶且有天地然後有萬物從天地視之萬物如一物也夫使萬物果如一物焉雖亦造物者之願而亦何以異造物者之所妙于萬物者咸若其性而未嘗不各有其性亦爭于清而未嘗不各有其情是故芸芸者日出而不窮也人以天地生成之德蓋如斯乎而或者猶憂之內不無侵奪之端則是生一物適以害一物也增增者迭出而靡盡也人以為天地培養之功益以此乎而或者衆類之中不無戕虐之事則是生一物適以害物物也乃

而合觀之。不且並育即不且並育而不相害耶。夫物之在天下也。其同類而相恤焉。未足異也。所可異者。彼此初不相似。其耳目之欲殊也。其口腹迥然殊也。其靈蠢亦迥然殊也。而卒之我無害于彼〻亦無害于我也。且其閒強且大者。豈不能為害于物之弱〻哉。而弱小之類固自若也。則即其可相害而卒不相害者。愈可知覆載之寬然已。抑物之在天下也。其相遠而得免焉。未足異也。所可異者。彼其初無所隔。其出入皆于是也。其起居皆于是也。其飲啄亦皆于是也。而卒之彼無害于我〻亦無害于彼也。且其閒懦且弱者。豈能免害于物之強大哉。而強大之倫不獨存也。則即其不相害而反若相育

者愈可知高厚之罔極已蓋論物類之不齊則一物有一形也有一[illegible]
質也而途之形未賦質未成之先則紛紛者要皆同一父母爲[illegible]
一炁所而今其互相殘虐爲也視聽食息共安其便即萬物亦不[illegible]
知其所以然耳抑論物類之所稟則萬物同一理也同一氣也[illegible]
表賦是理降是氣之後則紛紛者要皆各爲子姓焉有各爲[illegible]
至芋其相傾奪爲也其成長養各適其天吾亦不能爲萬物[illegible]
以然耳合之並行不悖而天地之大可知已
舊傷其質要爲無取有確理以爲之主方是中庸文字非務[illegible]
害論也原評

總批小集　萬□並謝

是集秋善通物理把晤外兄云後一夜燈下敦化川流妙在交

母子姪二語點切青字又自然不鑿

萬物並育而不相害　謝汝梅

物無相害，物亦不自知也。夫萬物並育，宜其相害矣，而正不然。此萬物為之耶？抑非萬物為之耶？且有天地，然後有萬物。從天地見之萬物，如一物也。夫使萬物果如一物焉，雖亦造物者之願，而亦何以顯造物者之奇？所妙於萬物者，咸若于性，而未嘗不各有其性；弗爭于情，而未嘗不各有其情。是故芸芸者日出而不窮也。人以為天地生成之德，蓋如斯乎？而或者涵覆之內，不無侵奪之端，則是生一物適以害一物也。增增者迭出而靡盡也，人以為天地培養之功，蓋如此乎？而或者庶類之中，不無戕虐之事，則是生一

（不害妙在並育，翻筆警。）（從不害說轉並育，而字縮。）（上得者。）（領並育。）（翻起不字。）

雋妙
物適以害物；也乃由今觀之不且並育耶不且並育而不相害
耶今夫物之在天下其同類而相恤焉未足異也所可異者彼此
實疏並育
初不相似其耳目迥然殊也其口體迥然殊也其靈蠢亦迥然殊
摘遞不害　再申一層不相〻說得
也而卒之我無害于彼；亦無害于我也且其間強且大者豈不
極透
能為害于物之弱小哉而弱小之類固自若也則即其可相害而
徵縷並育
卒不相害者愈可知覆載之寬然已抑物之在天下其相遠而得
刻劃並育更妙
免焉未足異也所可異者彼此初無所隔其出入皆于是也其起
居皆于是也其飲水亦皆于是也而卒之彼無害于我；亦無害
轉換不與
于彼也且其間懦且弱者豈能免害于物之吼大哉而強大之倫

不獨存也則即其相害而反若相育者愈而知高厚之罔極也

照敦化

盖論物類之不齊則一物有一形也有一質也而返之形未賦質

扶出所以並育不害之故妙不可占下

未成之先紛紛者要皆同一父母烏有同一父母而令其互相殘

虐為也視聽食息共安其便即萬物亦莫知其然耳抑論物類之

照川流

所稟則萬物同一理也同一氣也而思天賦是理降是氣之後紛

二義貼切育字

紛者要皆各為子姓烏有各為子姓而至于妄相侵奪者也生成

長養各適其天吾亦不能為萬物明言其故耳合之並行不悖而

天地之大可知已

並育是合觀不害是分觀而字縮上小德原即在大德中也說

考卷沈衡　中膺　萬物並　謂

理〻認。雋不傷雅。不害只不相混亂。意篇中間雜殘奪字而。

部下正文毫無差謬。曹揩珊

萬章問曰或謂孔子　全章　曾爾典

欲知聖人所不主者、當觀聖人所為主者也。夫孔子大聖人、寧所主之非正、而予人以可議者哉。萬章所述、亦異乎孟子所聞矣。且甚哉好事者之敢於誣聖人也。彼其誣禹以德衰、誣尹以割烹、猶上古之聖人、是非不難意造也。乃有東魯大聖人、其行事猶昭然在人耳目、乃敢恣其不根之談以誣之、如萬章所述孔子主癰疽侍人一事。嗟乎、孔子而主癰疽侍人也哉。盍思孔子之為孔子何如也。使孔子肯奔走於權貴之門、媚顏於軒冕之側、則受知季桓子之時、吾道其大行矣、何至不悅於魯而之衛、不悅於衛而之宋

入閩試牘　歲　一等一名　汀州府

之陳崎嶇險阸而瀕于死也夫孔子所以不悅于魯衛者何也蓋
孔子者禮義之宗也進必以禮而不爲苟進退必以義而不難速
退進退若此猶疑其所主之非正乎哉且亦思孔子當日之所主
何如人乎哉今夫賢奸之不容並納而忠佞之不能兼收也殆猶
薰蕕之不可同器而涇渭之不可同流也假令孔子而主癰疽侍（逆鉄有勢）
人孔子必不主讐由必不主貞子孔子不主讐由貞子孔子必主
彌子乃試觀彌子之所以招致孔子者亦已至矣衛卿重位也得
衛卿奇遇也而孔子毅然以有命卻之夫孔子周遊以禮退以義
者也豈屑屑較命之有無哉然孔子亦何敢自謂無命也惟孔子

安命故倖人不能招惟孔子安命而實能立命故惡人不能殺嗚呼至危亡死喪之時而猶不忘擇友而交之智則孔子之為孔子已大白於天下而秉禮度義之身果不屑為癰疽侍人之主也矣且獨不聞觀近臣遠臣之法乎為近臣也正者則所為主也正為近臣也不正者則所為主也不正推之遠臣其所主亦然由此觀之不惟以讐由貞子之賢可以知孔子之聖而即孔子之聖亦以知讐由貞子之賢也矣不然謂孔子主癰疽侍人於孔子亦無損也然何以為孔子哉彼小人好為議論醜正詆直以自便其私如孔子聖猶不得免其他又何論焉萬章不知其謬愬愬焉述之

此數行頓渡頓變迴汎俱靈

汀州府

以此　與僞不亦陋哉○

隨手搭架自成機局深得長題秘鑰

萬章　曾

萬鍾則不　二句　虛牝集簡存

禮義之昧于萬鍾非真昧之也夫能辨禮義之心豈以萬鍾而無哉其不辨也乃所以受之爾矣孟子若曰驗人之心乃至于行乞之所不受此亦可以信其有矣而人顧卒使人疑之蓋一有所以試之者而立見其然且不期其然而無有不然此以視諸有所弗（淵翔云則字宛然）受之心一轉移間耳且夫有所弗受之心固何心哉惡其非禮也恥其不義也于斯時也其于視義之介不亦辨之甚明哉非物所（漲志則字）能亂哉未幾而不以禮受者即此人也未幾而不以義受者即此（虢字用莊子）人也就而視之則赫然萬鍾也夫非猶是惡非禮恥不義之人耶

墻東草堂

淵用云含蓄真醒

而萬鍾之來也則禮必附之義必階之耶乃一見萬鍾之為重即無所不輕也以輕而當重至或靡矣而猶有稍用徘細者必立措之為不情唯覺萬鍾之已大即其餘皆小也以小而又大入則比耳而或有稍存顧慮者且共訝之為無謂斯時也不知心之說者

淵菴

云大開大闔

則曰夫夫也貪須性成蓋其心止知有萬鍾而于禮義之合與否愚哉其不能辨也其知心之說者則曰夫夫也智以利昏蓋其心非不知有禮義而無奈萬鍾之當其前惜哉其奈之辨也而皆非也天下義利取舍之分責之人者不肯以稍借歸之己者不欲其過明彼萬鍾之于禮義非果不能辨也辨之則將猶禮義存而歉

我者既不勝其艷將取萬鍾乎而東我者能不顧其安吾一置之不辨焉而交戰之勞坦〻乎其無懼人有咒而咎之以不辨者有恬然謝之而已矣辨則不辯而萬鍾受矣（今人失笑）非獨得之巧歟人問富貴利達之淡觀于外者其說多不詳入于中者其狀乃倍悉（淵翔云狠極）彼受萬鍾者之于禮義正莫辨于彼也唯其辨而萬鍾中之况味既不能淡諸己禮義外之情形實不堪自諸人吾雖托之不辨焉而自藏之地綽〻乎其有餘人有因而薄之為不辨者乃憪然知其計之得矣受由不辨可諒吾辨必不受矣非兩得之術歟（還他評佐）嗟乎彼非不辨禮義者前此有明徵矣一折而至于是萬鍾之移人固至此

乎。獨是萬鍾則受之矣。禮之去乎我也。果可以萬鍾代乎。所受則已豐矣。義之亾于我也。且得以萬鍾補乎。吾將呼受萬鍾者而問之。

非深文也。上承皆有。所照三。為勘證分明。是老吏斷獄手。　漢階

萬鍾則

萬鍾則不辨禮義而受之

史普

禮義之昧于萬鍾非真昧之也夫能辨禮義之心豈以萬鍾而無哉其不辨也乃所以受之耳矣孟子意謂驗人之心而至于行乞之所不受此亦可以信其有矣乃一試之而立見其敗不啻降心以相從者何哉亦外重而內蔽有所弗覺之心不覺為之一轉移耳夫畢受之心固何心哉惡其非禮也恥其不義也其于禮義之介不亦辨之甚明而非物所能亂哉不幾而不以禮受者即此人也未幾而不以義受者即此人也就而視之則赫然萬鍾也彼惟見萬鍾之為重即忽所不輕也以輕而當重重則靡矣而猶有稍

明字得後發之神

用非個者必且指之為不情彼惟覺萬鍾之已大昂其餘皆小也
以小而交夫人則化耳而或有稍存顧慮者且其詡之為無謂斯

搦去常解

時也不知心之說者則曰夫夫也貪濁性成蓋其心止知有萬鍾
而于禮義之合與否愚哉其不能辨也其知心之說者則曰夫夫
也習以利昏蓋其心非不知有禮義而無奈萬鍾之當其前惜哉
其未之辨也而皆非也天下義利取舍之分責之人者不肯以稍

入情

三股刻意鍊深則

借歸之已者不欲其過明彼萬鍾之于禮義非果不能辨也辨之

究卸辨不辨中透出新警之極

則將夠禮義乎而歆我者既不勝其豔將取萬鍾乎而求我者能
不顧其姿吾一置之不辨焉而交戰之勢且且乎其無權卹籍雖

以為彼雜聽之。非吾所為聽也。爽秋亦早見之矣。以為是雜聽之

無賴有是聽也。

凡作雜字題時手僅解挑剔襯耳以取靈機此則全用實意刻發。

抉幽摘微深刻雋永直與王山陰作爭勝。

萬鍾則不辨禮義而受之

史普

禮義之昧於萬鍾非真昧之也夫能辨禮義之心豈以萬鍾而無哉其不辨也乃所以受之耳矣孟子意謂驗人之心而至於行乞之所不受此亦可以信其有矣乃一試之而立見其敗不啻降心以相從者何哉亦外重而內惑有所弗受之心不覺為之一轉移耳夫弗受之心固何心哉惡其非禮也恥其不義也其於禮義之介不亦辨之甚明而非物所能亂哉未幾而不以禮受者即此人也未幾而不義受者即此人也就而視之則赫然萬鍾也彼惟見萬鍾之為重無所不輕也以輕而當重至則靡矣而猶有術用緋紺若此立持之

為○不○情○彼○唯○覺○萬○鍾○之○已○大○即○其○餘○皆○小○也○以○小○而○交○大○則○化○耳○

借○若○合○新○[illegible]○以○觀

而○我○有○稍○存○顧○慮○者○且○若○許○之○為○無○謂○斯○時○也○不○知○以○之○說○者○則○以

已然

夫夫也○貪○濁○性○成○蓋○其○心○止○知○有○萬○鍾○而○於○禮○義○之○分○數○杳○然○者○去

不、能、辨、也○其○知○心○之○說○者○則○曰○夫夫也○智○以○利○吾○蓋○其○心○非○不○知○有

禮○義○而○無○奈○萬○鍾○之○當○其○前○惜、哉、其、來、之、辨、也○而○皆○非○也○天○下○義○利

取○舍○之○分○寄○之○人○者○不○肯○以○稍○借○歸○之○已○者○不○欲○其○過○明○彼○萬○鍾○之

咄○字○徒○要○不○着○肖○是○奇○如○此○說○發○致○精○

於○禮○義○非○果○不○能○辨○也○辨○之○則○將○徇○禮○義○乎○而○欺○我○者○既○不○勝○其○貴

將○取○萬○鍾○乎○而○東○我○者○能○不○領○其○安○吾、一、覽、之、不、辨、焉○而○交○戰○之○勞

撫○之○乎○其○無○懼○即○有○從○而○容○之○以○不○辨○者○有○悟○然○謝○之○而○已○矣○夫○辨

則不辨而萬鍾則已受矣非獨得之巧歟人開富貴利達之途觀於外者其說多不詳入於中者其狀乃倍悉彼受萬鍾者之於禮義正莫辨於彼也惟其辨而萬鍾中之況味既不能淡諸已禮義外之[illegible]形質不堪自諱人吾誰柢之不辨焉而自藏之地絆絆乎其有餘即有因而薄之為不辨者愈欣然自謂計之得矣蓋受由不辨可諒吾辨必不受矣非兩得之術歟淺乎彼非不辨禮義者前此有明徵矣一折而至於是萬鍾之移人固至此乎

不辨二字推深一步非深文也如此方是失其本心耳行文於由之中加以深暢使嘉魚見之亦應却步 徐亮直

萬鍾於我何加焉

江蘇陳鎮臺會課
紫陽書院一名　陳師集

即我以計萬鍾所受殊可駭矣夫使萬鍾有繫于我猶曰我受之耳于我何加豈不辨禮義并不辨我耶且我之所欲曰生曰義是義與生二者皆我也（辣手）人即犯義而越禮不深計有性天之我寧弗貪生而惡死一轉計夫形骸之我乃危殆之中有我而性天尚延（我字魂得清）于一息要安之際無我而形骸并脉于當幾此則余之所未解也不辨禮義而萬鍾是受受之者誰我而已矣人之受也必有名既無其名名即起于我耳焉焉（情刻）此生要為疏昔之宜周則撫當躬而營度或難遽怪其不情人之受也亦有實〻〻其實〻即在萬鍾（題）

字簡ゝ君實
於我耳落ゝ長貧忽為厚餼所附蓋則念黙弋之綢繆戀得盡疑
為無謂意其必以為有加焉矣顧吾嘗代爲計之凡物之有可加
者必其先處于至少之數而後藉此以補其闕試以我而自思果
筆幽思清而永
少焉否也夫我即有所少而要必不少此萬鍾未有萬鍾以前我
吻題發ゝ多少ゝ
固一我也既有萬鍾以後我仍一我也假令妄為固依則附贅懸
合到何字神理
疣徒屬多而可厭之物胡弗于清夜間提悚其幽獨而默以揣焉
抑物之有可加者必其後將有漸多之勢而後借此以阜其求試
以我而自思寧多焉否也夫我即可以多而要必不多于萬鍾我
在萬鍾之外萬鍾自萬鍾也我在萬鍾之中萬鍾亦自萬鍾也假

令義為增益則縱情恣意反有毒而日損之機胡弗於大庭上箠（剔○泄○一○段）振其神明而嚴以按焉故毋論鐘鳴漏盡而纍纍荒邱曾不留錙銖之長物我之死不以萬鍾加也即使生前烜赫共羨夫萬鍾之我而我別有在焉況夫多藏厚亡不能樂其生轉以速之死乎夫人亦何為乎以速之死者而以為受之益也抑毋論安常處順而區區外物曾無關毫末于生平我之生不以萬鍾加也即使呼及存亡忽趨為萬鍾之我而我自不與焉況夫危身取給未能死之（是○醒○世○語○亦○見○宕○起○下○文○語○）要即為生之累乎夫人亦何為乎以累其生者而以為獲其利也則宮室妻妾與所識窮乏之見交乎前而戰於卜也

思路清幽、華力峭刻、尤妙在不説煞無加。能得何字活、相遞高色名作之後。此其嗣音。宋銀兆

提一我字千呼萬喚、寫得鄒聖覺世神理。奕奕如生、好香淨浮慰濃著洗積昏。篇中意味亦復爾爾。張默溪

萬鍾於我何加焉（孟子下）　趙炳

萬鍾於我何加焉　趙炳

爲不辨禮義者辨我則所受殊不可解也夫受萬鍾而有與于我々
猶將受之曰々我何加亦令人自思耳且生死亦大矣而獨謂
[illegible]乎義矣夫舍生者我也既舍生矣我又何有意生死之狀固自有我
也之爲我者在乎夫我非生之所能易則亦豈物之所能增然死生之
際惡處每不如惡生者辨愛之間愛物而并忘其愛我則何爲乎
之受萬鍾者大抵不辨禮義者也我將與也辨義而彼不知也猶惜
萬鍾自在宇宙偶受之而名爲我有々也之而用々之而後々于家矣
能修于我也我將與之辨義以并及其禮而彼不知也獨惜萬鍾

下二　二百四九　丁未　小題觀略

自有用忽受之而私為我有〻之而不用〻之而仍餘〻于家總不能餘于我也〻我代為思之萬鍾于我何加焉人我之各自為我也見萬鍾乃不見我矣乎居自顧亦自私我厚我一旦厚祿在前而軀亦可捐命亦可賤若以萬鍾為我者誠以萬鍾為我〻誠豐也試思萬鍾在而我仍〻不在則縱欲益之而不得也夫至益之不得而還思不人心皆無慊愧自明者而何遂至此〻人我之不相為我也有萬鍾人〻意中有我矣乎居相顧亦自隔我遠我一旦鼎宴在此而形骸可甚性命可許若以萬鍾在我而無非我者誠以我為萬鍾我誠厚也試思鄉鍾不在而我仍在則雖欲附之而無從也夫至附之無從

而反顧微軀夫本無隱忍自賊者而何竟至此人之淡于求利者以為有我則必有死受萬鍾者非因萬鍾者也人而無死則萬鍾之與必甚我以為萬鍾無加于死也而并無加于生即使自少至老日為萬鍾中人我何與乎念及此而凡在我外者夫亦可以不計也人之讓于計祿者以為有我則必有心受萬鍾者或忘萬鍾者也人而無心則萬鍾之貪必甚我以為萬鍾無加于心也而并無加于身即我形與貌日為萬鍾中用萬鍾何用乎念及此而凡非我躬者夫亦可以不恤也而何有于宮室妻妾窮乏得我也

世人惟將萬鍾與我合而為一孟子只將萬鍾與我分而為二即

下孟　百五十　丁未　小題

此一分之中。多少可文快論出矣。亦使近日刀頭舐蜜人。嘆因殘

夢。

萬鍾手評

下孟　一百五十　丁未　小題[illegible]

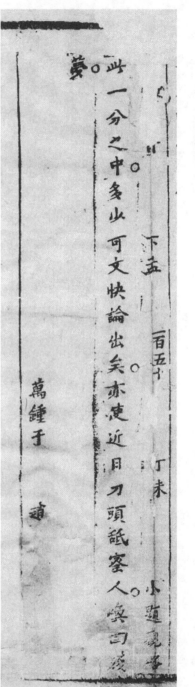

敬大臣則不眩　　　　戚藩

大臣效在決幾明主所宜務敬也夫一事而衆謀之君鮮不眩矣專之大臣而後有所決尚其敬之歟且人主莫不倚臣以度務也而獨有一二臣者能居人主腹心之間以生人主耳目以識其大臣之效視小臣恒相萬也而亦豈大臣之自效然耶[illegible]事不及察也肆與怨相因怨與迷相積一日之務務從[illegible]而未決君雖有小明盡于怨叢簡于其臣以責之雖難而事不能斷也外輕者中猜中猜者猜亂[illegible]之續擀之擾心而亦疑臣雖有遠智謀于猜矣尚冀其以不眩效上耶夫大臣則以敬敬矣耳大臣多先朝之

[illegible]

舊勳素以久且信斷其專事也精白國有老成維步乎務策勿無失

[illegible]

又況人主纔一蕞爾之鄉遠左右兩可之言權衡百吏左陳之議其

時大臣之聰明皆若聰明也寧有變易是非秉間移志者乎然後知

[illegible]

舊勳構政能絕旁請也大臣多公方之正人風以嚴見憚斯其秉道

也竟矣朝有廉帥府君德清明以日步又況人主綏綏禮遇之宮府

[illegible]

之為懸治于察寀觀傳之任也泪及公孤個顧大臣之義制如君裁

[illegible]

制也寧後有前後領處猶豫惑心者乎然後知正人之側忍無偏聽

[illegible]

也乎敬者聖人之學肅恭不懈有如神之氣矣此豈專以要大權歟

而要之加于大臣者其寵也崇天尊神業齊出之儀其人以洛之聰

群疑並去亦去以象罔以聽而無枵上之嫌不貽者己性之明睿哲（亦精）風成有天實之能矣此豈必欲于大臣欲而要之成于大臣者居多也幾先物始悟尚無緣更其臣以韶之則才智內生也果以小心積下蓋來保傅之忠物蒙之眩在閑道鏡之眩在纖悉歸之敬而兩者俱無所受矣明理者或畧于事明事者不及于理兼通之敬而不惑（傳能更）相為表裏矣況復師箴群臣并致讚規也（周匝）

此等題講作兩截雖極力洗發無有是處于敬字內實實體貼得不眩之故理真脈細分外親切其驅策經史貫通古今特餘事耳

韓慕廬先生

起睽違終不敬大臣之足以致睽反而違則並而自解中股先寫求大臣之自己能不睽乎大臣之能使人主不睽就大臣推出不睽根源則敬大臣之可以不睽不煩言自解後幅四股原本推類言之本題更無遺蘊矣。汪武曹

雖鍊有骨故非有總目縱縱筆瀰漫而無餘味也。以史事貫三公而見大將軍或時不冠所以終漢世從得一霍光而大臣多奉法畏罪人主稍新于土剛尚得秉而竊其柄漢祚遂移宋能禮貌大臣故有李韓范富歐陽司馬之盛前四股文字中包蘊幾許史事。

敬其所尊 二句 王澍

愛敬因乎先王事業而志通已蓋禮隨時變尊親之心則一也武周（原批兩其字到骨）但無歉其愛敬之分而先王之志事得矣且我周世守侯服及武周而事先繼下一以天子之禮與先王時大異焉而以為所愛所敬無以異于先王非達合也蓋有說也夫親考先王之所尊也子孫臣庶（然、終必、皆）先王之所親也尊則當敬親則當愛武周無以異也顧其所以敬之（求、韓宗、伯、意）愛之者則異矣異則其合焉何也假使武周必一撫文王之隱以為曾有是志今日乃有是事則是文王未有此志而武周竟可不如此敬不如此愛也是武周本無愛敬也若謂文王未有是志在今日亦

本朝考卷晉陽雅集　中庸　康熙壬辰

應有是事則是武周自有是事而因謂文王亦當如此敬如此愛也是文王本無愛敬之而不幾於蔑武周之與文王各盡者禮一源者心其不能不因時而易者分之殊也其越百世而如在者心之同也

此即時其省倚武周因時其安敬意而持論更確

辣

禮何足言武周之所力求自盡此愛敬之心而已矣惟聖人能盡其性不欲自歉于尊親之分故所以竟其愛敬者不容自已有此不容自已之心然後上可以對祖考下可以對子孫臣庶嘗有矜張不過準其分以求盡其心而徧閱則無所間已惟聖人通乎天理不忍歉天下尊親之分故所以竭其愛敬者不敢不盡即此不敢不盡之心上質之祖考而安下質之子孫臣庶而快語何容諱止欲盡其分之

直二妙

淵瀚雅鍊如人要人心常光明不落

勿從後人描補來

於嘗然有合乎天下人心之同然而祖人則一以貫已盡論其愛敬

得此二言發此類莫無殺義矣

之心至于微密之處則雖以今日之尊祖配天錫類不匱天下皆以

爲尊親之乃極其心之怵惕不寧者正以前人未曾有此而不免

爲文考之罪人若論其愛敬之心至于廣大光明之處則前人之尊

親以侯國今日之尊親以天下設此響則一尊親之極致而其心之

一私不繫者原不必謂前人未曾有此而必求為文王之肯立此無

他分盡則理得理得則心適武周但自盡其愛敬而文王之尊親在妙

是矣然則武周之愛敬本無以異乎文王而所謂敬其所尊愛其所妙

視之不足猶有餘憾

親者初非武周自行其愛敬焉耳

蕪歷作赵處兩難拔剔其窔絕清淡惜其能繁而不能解中後四股只覺離遠一寸今稍依約其兩難發我所見彼繁而衮解之少陵詩白雲營際消孤月浪中翻亦因何遜之舊而加妍古人以爲類獺髓補瘢也　自記

敬愛只是盡吾分所當爲而心無不合不欲自歉乎尊親之分耳然歉天下尊親之分正後所謂廣大光明無服葬之心並行不悖者後幅妙見先看微密一層道理乃回而圓足此題自克循先生二作後得韓雲俯之駢辭璀璨一新舊徑得若霧此文又以補宗伯之闕嵩宗伯之只擴寫孝子意中情事詩此文乃見聖人制作

盡道處固當與宗伯文並傳

敬其所 三

王

敬其所尊　二句　　劉子壯

周道尊親、皆緣先王而起者也、夫尊々親々、周道莫此爲隆、然溯本孝思而出之、非所謂善繼述者耶、且明王之事其先、則曰曾孫、其臨下則曰元后、作父母、而要其寔、則孝子也、自禰率祖、世彌遠而彌崇、自家推國、道彌廣而彌近、合古今上下、咸觀于一本而已、何則武周之有天下也、以后稷爲廟之祖、以帝嚳爲禘之祖、皆親也、而曰尊蓋五世親盡、有即遠之義、而舉其所廢、則無獨之中有神明之道、武周之制大禮也、即諸侯而兄弟、絕其屬、即大夫而族黨、異其序、以疏也而同親蓋天子一家、有即近之義、而舉其所疏、則尊親之體貝天地

翻尊字　翻親字　折轉　尊頌二字一經拭　剏褻勳非常鴻議翻淺還宗經誥天洒有此鎔鍊之力并千　見警

之心吾見其于祖廟是文王所駿奔者也武周以為所尊焉增高亞
二廟矣廣壇墠為九室矣由是配耒郜于宛琫不忘舊德列韡琫
于玉藻周志家學而月祫禘舉以歲烝嘗以時怵霜露而嘉魂魄
何異敬也位之異制時之異器先王且有不識者對越在天之靈其
告之也以我奉文王以文王奉先王勿敢褻焉爾吾見其于宗廟是
文王所祭觀者也武周以為所觀焉南北異以其嚮矣世次異以其
汪批承昭移十○句
系矣夫且別賓於于羅燦如歷朝廷百姓玉于籩組如青行藝以至
燕飲以教尊奉爵以嘉勸倫敘徽而徽心洽何其愛也族有異氏國
有異姓在于孫臣僚有不相知者歟然如此以心其聯之也以我逮

子庶以子庶達文王勿敢菲馬爾以無武周有作皆非羈為者自

（訛敎發於斆讀書有得詞○無）

（濁源）

豐亨閑國為王業之根本而徹田則豳于公劉奠土則始于古公司

馬之法舟梁之造又文王手定者也其後遂以為天子之制下莫敢

擬馬蓋王者之事不肖死人之儕使天下共尊之而益可覬于祖功

（其筆空妙○融○說○敘○豪○飲○活）

宗德之有自以此知武周維則蓋有永思者自周道尚親為本朝之

懿德而荆蠻閒有古禮禋祭閒有老友中林之士漢上之女又文王

躬從者也其後俱以為王政之始鳳所徧及馬蓋萬國之歡不出一

（亘今發警）

家之樂使天下咸親之而益可獨為神孫聖子之無窮甚矣武周之

孝之達也

才大如海卻斂規就繩道文正骨蜅以清姿幽韻故足久視弊陳

綜化異例一折先王之尊親武周之敬愛鋤勁清醒卻是一片注

然不多費墨也。前作有云、登于祖廟忽而為其勤王家之須焉

忽而為發基王迹之贊焉忽而有建邦啟土克篤前烈之稱焉真

若干百年流離遷徙築室耕田皆其日積月累而為剪商篤慶之

事者易其窮而又加之號崇其功而又歸之德可不謂敬之也哉

對云、命于宗廟凡我本支百世猶稱伯叔焉今此婚姻百世猶稱

甥舅焉及夫二賓三恪百族千姓皆我先祖之兄弟古帝之廟商

焉真若普天下秉圭執豆奔祿納稻皆其淵源淑友而在天地萬

物之懷者既具其等人爲殊其才既盡其情又使服其事可不謂愛之也哉句〻徵實生氣如湧然蒙榮集羣而榛枯勿翦亦是文家一病故去彼存此

敬其所　劉

敬其所尊　二句　韓菼

孝達于敬愛無憾于先王尊親之心而已矣謂先王之心必如是尊親而後已者是誣先王也（一篇言意）武周亦自將其愛敬為善繼述焉耳且周自王迹肇基柔支而日盛然祀其先世止曰宗公而自本支以及多（從其字起）士祇與于奉璋之列觀褻燕之饗與保者得毋有憾焉然而尊之至親之至也乃武周當日以天子之禮樂致祭于廟中一若有異敬有（翻得醒）異愛而論者謂於文有合焉何也謂文已有是志時隆衍之說史氏之誣也即或果有是志而以武周之孝必有皇然於天下後世之口（二句共寫敬武周心上翻）實者而敢懸之曰先君之已尊已親者如是與抑謂文無是志或在今

本朝房書彙集　中庸　康熙癸丑

日有是事此事後之言推廣之論也即不幸有是事而以文之聖必
二其字變文字上翻
有懷懋守繼述推廣之綱維者而敢忽之因吾之所尊所親者如是
懋然而武周之愛敬終于文有令者何也想其制七廟以兼意必惻
然後以為昔之尊之者當不其然々先王聞時悽惻之思乎小子
搭下明清節
常念之矣今者園寢動衣冠之慕路樓滌飲食之悲此自家人事耳
撥諸文考之心得毋不甚傷乎齊幾哉九齡以後春秋霜露之情可
奉以周旋而無蒸隕越已又想其建群侯之日意必怵然是惧以為
昔之親之者當不其然々先王踐阼後先之思予小子繼不忘矣今
接上序昭穆節
日伯叔甥舅有勸焉父老子弟有賜焉亦道仁人事耳撰之穆考之

隱得毋或加諒乎乘幾哉宅豐以來行葦勿踐之恩可由爲推暨而未委草莽已夫抵至賤之用其情必餘乎事而無不及事即不必盡在文王已尊之至親之丁年倫備物而尊親之心自無窮念及此或自十五年而後從事于駿奔武周自將其愛敬籩豆捴無加于先王展親錫類之當又必餘乎世而無不及世積至于自引月長而尊親之心益無已念及此則雖十八年而後一臨乎敬老餘乎事清廟明堂猶如縷夫先王孝子仁人之盛益尊征之年其尊親已極敬文餘乎世謂必武周而始慰者前人之至性已尊八百之祚嘗尊親所照謂固武周而益慊者孝子之委曲亦盛而吾因得原之曰敬其所尊愛其所親

發一難見文王猶是服事之心迸一解見武周自盡人子之事理

閱受編宜情緒可移清嶺雲編病此文前半爲說書體非文章正

格而後交於解又嫌當其前半二難而病其後半解滑乎淡然余

細體朱之難處固在解處亦甚知此則知舜之發罪引慝與朱五

經予誇作四鎮節度使者所謂無奇無以寄言也

敬其所　韓

當是時也　雖欲耕得乎　清華集　羅超

濟時難者忘内顧耕更非所計也夫治水於外者八年不入其門者三過禹為天下勞也至矣欲耕其得乎嘗思為天下者不顧家古聖人力挽狂瀾終其力者不眷眷於私恩豈分其力者可兢兢於細務哉蓋殫一人之力以拯億萬姓之沉淪力以引而彌長力即以專而倍篤不察乎此而謂聖人有餘力概以食力望聖人是庭幃不能兼顧者畎畝轉可兼權也豈通論哉禹既疏瀹决排而中國始得食是禹為天下之食策安全非為一己之食謀口腹者也此豈一手一足之勤能比其烈乎抑豈一朝一夕之故能畢其責乎吾且於禹成功之日遥念夫禹治水之時從來創天下之大

業者志氣以閱歷而益堅禹為一時彌洚洞之災即為萬世造平成之福有遠圖斯無近效貞以百年必世之念而何所撓其神從來秉天下之大公者民物較身家為倍重禹為氣運挽懷襄之變即為寰區革巢窟之風公忘私亦國忘家力絕兼營旁騖之思而何所紛其慮不觀禹八年於外三過其門而不入乎假令當日隨刊未奏親作息於田間昏墊未除習耘耡於隴畔是欲以八年是癖者分為八口之是謀也是欲以三過不遑者並策三時之不害也無論耕非聖人所欲為即曰欲之其可得乎不可得乎吾於是嘆禹之忠焉當疇咨屢九載之憂拯溺者久勞心於龢座禹苟經八年而精神易倦必且經三過而骨月難忘則職忝司空就令耕足自供亦僅儕草野之編氓曷以告無慚於我后乎禹則皇然念

當是時也　雖欲耕得乎　羅超

矣熙帝載即亮天工轠輴舟車歷久備嘗其苦辛壬癸甲至親弗奪其情時雖移而志不敢移安望分忠愛之餘忱降鄗廟而講田疇之業所以禹謨揚盛烈不聞以耕紀其勳禹貢輯成書不聞以耕傳其績且於此觀禹之孝焉當汨陳擧五行之禍方命者久抱憾於前人禹苟越八年而險阻驚心必將越三過而妻孥繫念則心慚斡蠱就令耕無廢職安知非聖朝之棄物曷以告無忝於所生乎禹則戚然痛矣蓋父愆即以甦民命歷山川之歲月僕僕何辭閭里巷之孩提呱呱弗子時雖易而志無敢易安能推孝思之餘暴降軒冕而參襏襫之圖所以過河洛而興懷不聞以耕思禹德望南山而託賦不聞以耕頌禹功然而不暇耕者非獨禹也

天下猶未平　　文萃集　宋允中

語神農不惟不知神農以前之天下並不知神農以後之天下夫苟求治天下之大法則夏后殷周備矣而彼方嘵嘵焉薄禹湯而非文武自命為羲皇上人曰舉荒渺不可知之時以律今日之天下則何如舍上古之天下而與言中古之天下且不必言既治時之天下而與言未治時之天下也今夫千古之大人治天下者也即平天下者也然而天下非本能平亦非遽能平吾嘗遐溯中天而得一大人焉曰堯疏仡循蜚之紀事與年遙而尚書所存則欽思文明自堯而斷故協和萬邦平章百姓前聖人既經營開闢而惟堯獨集其成龍師火帝之祥人因物定而謚

法所載則翼善傳聖以堯爲先故府事修和天地平成後聖人雖
制作文明而惟堯實開其盛然則平天下者莫如堯即天下之至
平者亦惟堯之時乎雖然亦未嘗即其所當之時而統觀之也不
周觸而天下大亂涿鹿戰而天下又大亂而前之患方息後之患
彌多則生與殺相乘知平陽繼統以還猶是洪濛之宇宙州土分
而天下大治井田作而天下又大治而利之機已興害之機旋伏
則因與創相半知冀州定都而後依然草昧之乾坤夷考當時之
天下其已平乎猶未也造物之降任於大人也每因其時以責之
帝嚳已往伊耆遂應運而挺生蓋神聖遞相繼承至是時而精華
大洩矣異日者五星聯珠二曜合璧各若絪緼元氣以彰七十載
平定之規模而當夫庶績未熙則四時之申命未詳日月尚藏其

采八伯之賡歌未譜星雲尚匿其華天不生神農於其時而獨生堯於其時若造物故設一險難之局待堯以為之彌縫其責堯倍重於責神農也謂非會逢其適哉萬物之託命於大人也每因其時以望之帝摯中衰唐侯以宗親而迎立蓋寰宇久深愛戴至是時而謳歌彌殷矣異日者晏滿應候蓂莢呈祥各若粉飾大猷以新十二州昇平之氣象而當夫成功未告則在野之井疆未辨衢壤為之無聲在廷之龜鳳未來松雲因之無色天下猶是神農時之天下而迥異神農時之天下若萬物故留一缺憾之幾待堯以為之調劑其望堯倍深於望神農也謂非生際其難哉

睨而視之　　錢君銓

以睨為視、工人之常也、夫人以正視為常、而工以睨視為常、其於伐柯也、何獨不然、嘗謂五官之用、有正用之而畧、有偏用之而反詳、（便切）凡欲聽之詳者、耳必有事乎側也、凡欲視之詳者、目必有事乎睨也、我今觀彼伐柯而益信矣、夫工之於物也、奏技于手而目不與焉、故使終日坐視、無一物之可成、而手習者則在須臾之間、是目之不與手爭力也、然工之為器也、窮形于目而手不能焉、故使工倕蔽目、無一器之不傷、而善視者則無尺寸之失、是手之不與目爭明也、所以伐柯者、必有待乎視、而視之必睨者、何也、人之心有所惧、不敢仰視

（從上執伐轉入落視字亦自語妙）

（何批襯語都）

雜
而動成纖聯者此聽之象也伐柯者何為而俯仰如此乎蓋目之為
公○業○無○埒○華○若○奇○貌
先王于四馳而流之一柯之間則欲其緊也不欲其散也安能以明
何○挾○原○本○作○矜○而○今○易○以○整○志○中
睇為察而與然藏之一人之心有所發不為乎視而隱然目送者天睨
一○字○
之象也伐柯者何意而隱見如此乎蓋目之所矚可以千變而合之
者柯之睇則欲其同也不欲其異也安能以正明為常而端然對之
雜有睇工豈顧僣巧為之而善惟視之功也為之不善惟視之罪也
神○食○
則心流于目而目流于柯焉禁其緋絪也與雜有良工豈有德奇跡
之不審卽為柯之拙也視之既審卽為柯之美也則聽之十之而頤
何○挾○拜○帝○伐○字○妙
之睹之爲終莫專注也與所以人以視爲視而伐柯者若以不視為

視人以兩目為視而伐柯者或以一目為視宜其近莫近于此矣而
猶以為遠者何哉
因開而觀因靜而照邈然合毫躍然縱筆一睨字乃得此通微合
妙也

睨而視　錢

過宋

圭臬集　李文田

誌滕世子之過宋實　雖南鄰楚而東近滕然滕
既門於楚矣滕　汗　林之道而過宋哉豈識為宋
往哉聞之古者粵　肴　道之標假道云者遂之所必
紲而過焉哉　紲而過焉雖修假道之儀而其意固
往所過之國都　之所不必經而過焉雖未聞修假道之
神而其意固　在所過之國都而又未嘗在所過之國都也則
如夏楚之滕世子而以過宋特與當是時楚國賓治鄖郢宋國
實海商賈而滕則北眦齊以國於山東在其東小東諸侯交聘
固與觀道楚子使申舟聘齊所由必過宋也厥後楚拓地且

跨淮而北矣。晉襄公之十年，滕實從諸侯會吳於柤，柤蓋楚之
而其地在山東與宋之西陽，自諸侯適於滕，滕世子自吳
信宿即可達，其東鄙乃必問道彭城，西折入商邱，乃
以至鄒邾哉。嗟世子何人。乃迴若是，或曰滕世子之
步　　　而不事宋，齊侯歸晉濟
過宋，蓋事楚兼事宋也。往　　　方瞻王睥睨小侯，蔑儞滕益
西之藏，宋是以有伐滕
惴然恐得罪，倘僅遣子大夫，宋不且以事楚聲罪於滕，滕敢不
兼事宋。或曰宋故微子之後，而商之裔也。商紹聞知之統，而執
中之微言大義益闡。以明仲虺之誥始言仁，湯誥始言降衷，伊
訓始言誠，說命始言學，皆發前聖人之所未發，以詔後世。其後
世子孫之賢者，頗習其傳，是故彝倫之敘，訪於箕子，而微子以

稽古崇德象賢開國於宋宋至周衰緒亦衰然箕子餘在朝鮮
而其教流行中國小史之大夫猶能稱述洪範之訓況宋之由
來舊矣古曰在昔昔曰先民滕世子天資好學倘亦抗懷宋之
先民而欲聞言學言誠言仁言降衰之緒論乎滕世子之過宋
意或在此而皆非也如謂滕世子以事宋故而過宋則是將之
楚而先如宋也不當書曰過宋宋如尚有先民足以諮其緒論
何至春秋之季文獻已不能徵禮然則滕世子之過宋豈誠為
宋之哉則以其時孟子方在宋而滕世子乃迂道過宋以見孟
子也

勁氣直達硬語盤空真能以古文為時文者

愚而好自用　一章

明為下不悖之義、在聖人亦慎所從焉、夫ゝ子之學礼而從周者、不敢反古之道也、而愚賤之人、豈知為下不悖之義哉、（以生、今、反、古）且古與今之相關也、（古、反、來○二、句、驅、駕、全○題）而三代迭興、夏天子聖人也、有天下而天下從之、殷天子聖人也、有天下而天下從之、至於今無有從之者、而從周、ゝ天子亦聖人、而有天下者也、聖人而有天下、而天下莫不自安于愚賤、故夫天子者、所以治天下之愚賤也、無德者皆為愚、即有德而（提○清○德○位○打○通○第○五○節）不為聖人、猶之愚也、無位者皆為賤、即有位而不為天下、（插○用○字○）也、愚矣賤矣、而好反古之道、古之道不用久矣、而欲反之、一於作禮樂也而敢乎哉子曰之人也是自用也是自專也非生于今之世者乎試亦思今天下何氏之天下也周天子以聖人之德居天子之位而作禮樂以治之者也其所議之禮今用之而行同倫（來二句運化過去）彼將欲不從而反古之禮乎其所制之度今用之而車同軌彼將欲不從而反古之度乎其所考之文今用之而書同文彼將欲不從而反古之文乎夫其禮也度也文也皆不外于禮樂也而其議也制也考也凡以云作也此有德有位者之事也二者得其一焉猶不敢作而況愚賤之倫乎故曰烖及其身也（飛渡）使其兩作也莫夫子若矣然而夫子之于德位二者僅得其一者也而何

以徐周還化夏殷

生乎今之世當今天下用周禮之時夫子雖聖人不得不自處乎愚賤夏之禮未嘗不能言也殷之禮未嘗不學也以其為古之道而杞宋之所當守者即學焉而不敢從也學焉而且從之者惟周禮而已以其為今之所用也用其禮而同倫也則從其所議而已矣用其度而同軌也則從其所制而已矣用其文而同文也則從其所考而已矣蓋夫子者有其德而無其位不敢作禮樂者也彼生乎今之世反古之道者遽以成其為愚賤而自用自專之哉其可逭乎嗚呼為下不倍之義亦折裹于夫子而已矣

一氣滚下元神宛然飛仙耶劍俠耶吾不得而知之矣　錢亮工

○令字章中凡三見故擒一令字以控御全題○偏師直擣萬馬齊

奔所向勢如破竹○韓慕廬先生

愚而好

微服而過宋

呂葆中　無党

記聖人之避難亦偷德也夫自貶以求生孔子不爲不自貶以殺身孔子亦不爲也微服過宋此亦聖人之偷德避難云爾今之世學孔（罵盡世間假學人卻正與王莪李楨之說相反）子者多矣其意中皆有一孔子焉則峩冠博帶着而已矣使去其冠之峩帶之博則孔子雖往來於今人之前必無識孔子者夫去其冠之峩帶之博豈惟今人不識孔子即當孔子之時人已不識孔子矣（博乎哉脫）如桓司馬之將殺孔子孔子何可殺也而司馬曰吾有以物孔子者於是刑其徒曰見有冠章甫之冠過宋都者則殺之矣而孔子去章甫（史記有此說）曰見有衣逢掖之衣過宋都者則殺之矣而孔子去逢掖去章甫与

逢掖宋之人果無識孔子者因過司馬之前司馬固亦不覺也遂相（史記弄險妙筆）傳為微服而過宋云或難之曰聖人之所以為聖人者以其不貶節也服而微非貶節乎貶節以苟免何以為孔子曰此狭夫章甫逢掖（二句掃除兩面）之見者也夫服之於孔子非有常爾俄而朝為朝服俄而祭為祭服俄而燕居為燕居服則俄而微行亦為微服如斯而已且人固即以（解脫妙有義例）章甫逢掖為孔子也以為孔子必章甫逢掖者也而不知孔子固可以不章甫逢掖也去章甫逢掖而孔子自存執章甫逢掖以物孔（靈機迅掣）子而孔子遠矣昔者禹入裸国袒裎而入衣帶而出服之微亦何傷曰是則然矣或使司馬能識孔子於稠人中孔子終不免將若之何（直旁到底）

曰夫司馬之所怒於孔子者亦怒其章甫逢掖而已不章甫則司馬之怒也減半不逢掖則司馬之怒也又減半然則雖識孔子亦必不殺孔子且司馬之所以欲殺孔子者惟以其不識孔子也使司馬而能識孔子則亦不殺孔子矣雖然吾猶有慮夫孔子之服亦無幾也其朝服則有緇衣其祭服則有明衣其燕居服則有短右袂之褻衣長身半之寢衣藉使服是數者以過宋國則宋之人愈有以物孔子而孔子必將為司馬之所得且孔子豈為其將過宋也豫制是服而藏之卒然形諸其笥中而服之乎然則是服也或即由之縕袍歟憲之敝衣歟未可知也曰微服明孔子之不在服也曰過宋明宋之全

妙辨廿闕怒人處學不出以見識

解連環手

奇闢四出

光思不賴

至其始出全相以前波濤湧翻入合至流

呂榜眼真稿　孟子　微服而　學本集

品榜眼真稿　孟子　微服而　李來集

靜浪

人也曰微服而過宋見世之人甚不識孔子者迎然驅車過之不失其常度也夫春秋之時欲殺孔子者二人曰桓魋曰盜跖孔子冠枝（又出句峰足史記揀緒）木之冠帯純牛之脅以見盜跖跡何為不微服也曰盜跖奇人也桓魋庸人也盜跖可以理奪而不可以智逃桓魋可以智逃而不可以理奪孔子之於人也其為奇人則奇人待之而已矣其為庸人則庸人待之而已矣

層岳遠島無非海外神山可想而不可望翔可即耶原評

博辨似譜而其義甚正聖人正是知明處當而已矣若寫孔子作奇人巧人脫洒人作用不可測人即成謬矣王戢顏鈞李贄所見其鄙不過際此乎

微服而過宋

湖州胡郡尊季考德清學一名　蔡鍒昺

觀聖人之過宋而服且爲之變焉夫孔子豈樂于微服者而非是則不得免焉此何如過宋者乎且衣服附在吾身而聖人之服亦有法度必居于魯衣逢掖之衣長且彌于宋冠章甫之冠君子之學也傳其服也鄉自轍環以來固未之有改者惟是遭宋司馬爲要路之謀而去衛適陳宋則其必經之路孔子欲反于衛而與從也欲不過宋而又不可也仁義道德之說諒不能卒化其衆而可與有言妄人橫逆之遺又不必忿疾于頑而致與相難既不發如匡人之衆援琴而可悟以續歌復不獲如陳蔡之圍兵連而得懼以

當阨○正索　○話高服字使之然○　匡　○涉○須○有○此○推○想○

何旅回首他鄉而難出己隔無出許逆旅之多疑頸踵異國而税駕雖期三未卜今身之何自然而魋非能素識孔子也又非有聞（渴○驥○[illegible]○[illegible]○[illegible]○入○）于似堯似禹似皐陶與子產而能以貌求肖也且夫夫子之服天（有○情○）下莫不聞矣而魋亦以此跡之度其意中欲得一章甫縫掖之孔子而剸之及耳然則不章甫不縫掖雖使孔子當其前計魋亦不識也于是孔子遂微服孔子非微者也而服則微服也使魋而見微服亦竟以為是微者已矣計魋此時方且左右望焉期孔子一過（寫○生○妙○筆○）不至曰其止不前乎抑聞而亡乎亡何孔子已過宋矣不料向過之微者即是也夫孔子之微服亦嘗數數然也過宋而始微服不

過宋衛不至于微服也即孔子之過宋亦未能數。然也微服而
復過宋不微服殆將不能過宋也以造次顛沛之心而覯孔子爲
有聖人身[illegible]在
衣而辟何必非几；赤舄之容而固非以其不褻者希苟免也能
是路出入是門其即此志乎預以聖人衣服之制何地不嚴于
禮結一旦而干戈擔攘之來不復安守其常雖以爲聖人化裁之
情景[illegible]
用而化裁則有困矣推之行李倉皇師徒解散意軾安車之逢合
遇時
之而徒而譏藝存身則弋篡孤蹤知無好整以暇之度一抑以素位
眷易之心而覯孔子遇災而懼依然是大麓弗迷之象而又非以
其僥倖者相嘗試也未喪之文天生之德其在斯時乎顧以聖人
微服而

鹿聘之轍何時不著其從容至此而委蛇與委之間不獲自仍也

賢即以為聖人出險之才而出險亦孔亟矣即至為號嗟[illegible]

方休摶帶裁冠之非傀儡初服而履虎不咥則痛定思[illegible]

然後免之形何也過宋遭陳孔子正當阨也乃觀其所司馬而思

司城貞非癰疽寺人之流焉豈非以服則可變而主國不可變

為當阨立案而聖人身分自見作意者次妙于倉皇擾攘正覺

風度容與

蔡

○○微服而過宋　藍啓延

于聖人之過宋而得守正之義焉夫必過宋而庶可免于難矣苟可不免于魋也雖微服其奚傷且遭變事而不知其權非處變之善術也然聖人之達權者必以其正行之是故臨難而未嘗苟免焉（省得爲）而寧僅全軀保身之計云爾哉孔子既遭桓司馬之難則斯時之不得安然以過宋也明甚蓋魋以孔子雖不可以利諂而或者可以威惕惟使之不得越此以去則困在己掌握之中而因以屈辱之不難耳然（撰從不苟免生出波瀾）吾觀是時孔子實不足自免之策焉魋之弟實從孔子遊是固不僅如子路之于彌子也使孔子因之以致慇懃于魋亦徑之捷者也況

予賜之徒亦豈難于魋之前委曲開說而以口舌爭之哉而孔子斷然不出乎此者何也孔子既不得安然以過宋則必辱于桓魋苟不辱于桓魋而亦必依違于桓魋辱于桓魋則凶于而身依違于桓魋則將自貶其道聖賢之愛道更甚于愛其身焉雖以身殉道而不辭（好發明）也而乃以平日衛道之身竟依違于權貴人之手以冀一朝之倖免哉計斯時所以待桓魋者則寧為微服焉而已吾觀士君子自守有素一旦為戚勢所脅而不免俯首以就意欲以委蛇避禍也卒之大節既虧禍亦旋踵乃知孔子之微服非徒見幾者之所為而即其不惑不懼之所由出也故必過宋而後不免于魋亦必微服而後始終

不為魋所逸蓋容可毀也志不可降也毀容之與降志其孰為大也迹可賤也身不可辱也賤迹之與辱身其孰為重也是以漸出于微服之事而必不由詭途以求免于禍者此聖人之所以權其理之輕重大小以見變而不失其正之義云爾自超然遠舉之後而魋乃知其人之洵不可以利害奪而無復以生其心矣故曰天生德於予桓魋其如予何

惟不肯屈意嬖臣故寧為微服都說達權孰知正是守正非翻案也胸次高耳